Angelika Ehrhardt

Methoden der Sozialen Arbeit

WOCHEN
SCHAU
STUDIUM

Bibliografische Information der Deutschen Nationalbibliothek

Die Deutsche Nationalbibliothek verzeichnet diese Publikation in der Deutschen Nationalbibliografie; detaillierte bibliografische Daten sind im Internet über http://dnb.d-nb.de abrufbar.

www.wochenschau-verlag.de

Titelgestaltung: Ohl Design
Gedruckt auf chlorfreiem Papier
Gesamtherstellung: Wochenschau Verlag
ISBN 978-3-89974476-7

Inhalt

1. Zum Aufbau dieses Buches

Dieses Buch versteht sich als *Einführung* in die Methoden Sozialer Arbeit. Von daher versucht es, einen allgemeinen Überblick zu geben und vor allem die Basiskompetenzen für alle methodischen Interventionen abzuleiten. Es werden die gängigen Methoden und Entwicklungslinien aufgezeigt, um somit einen Einstieg in die Thematik zu eröffnen. Die *Anwendung* der verschiedenen Methoden bedarf allerdings einer vertieften Auseinandersetzung und Übung. Methodenkompetenz ist nicht durch eine rein theoretische Befassung mit der Thematik zu erwerben, sondern durch Anwendung, Erprobung und Reflexion.

Methoden der Sozialen Arbeit sind nicht im luftleeren Raum und beliebig anwendbar, sondern unterliegen sozialpolitischen, rechtlichen und administrativen Rahmenbedingungen. Ein *ganzheitliches Methodenverständnis*, wie es in diesem Buch vertreten wird, setzt außerdem voraus, dass die Methoden Teil eines Konzeptes und eines Theorieverständnisses Sozialer Arbeit sind. Damit befasst sich Kapitel 2.

Diese die Methoden determinierenden Aspekte werden im ersten Teil kurz aufgeführt und bilden den äußeren Rahmen des Methodeneinsatzes (vgl.: 2.2).

Publikationen zu Methoden der Sozialen Arbeit sind zahlreich. Wir finden in ihnen immer wieder die historisch bedingte Einteilung in Einzelhilfe, Gruppenarbeit und Gemeinwesenarbeit. Auf diese Entwicklung wird in Kapitel 2.2.1 Bezug genommen.

In diesem Buch wird zunächst der Versuch unternommen, die für alle Methoden notwendigen Standards als *Schlüsselkompetenzen* für fachliche *Handlungsorientierungen* abzuleiten, egal ob die Interventionsebene Einzelne, Gruppen oder Sozialräume betroffen ist.

Diese methodischen Standards bilden die Grundlage methodischer Intervention und verstehen sich als notwendige Basis für alle sozialpädagogischen Fachkräfte (Kapitel 2.3).

Im Weiteren werden dann einzelne *Interventionsebenen* und *Zielgruppen* detaillierter betrachtet und beispielhaft dort häufig praktizierte methodische Ansätze dargestellt. Nach reiflicher Überlegung wird dabei die altbekannte Trias der Unterteilung in: Arbeit mit Einzelnen/Paaren und Familien, Arbeit mit Gruppen und Arbeit in Sozialräumen verwendet. Neuere Ordnungsversuche z.B. nach den theoretischen Grundlagen bzw. Referenztheorien erscheinen noch nicht genügend ausgereift, um sie durchgängig auf alle Interventionsebenen zu übertragen.

In den letzten Jahren sind außerdem die *organisationsbezogenen Methoden*, die eine Weiterentwicklung sozialwirtschaftlicher Organisationen und eine Erhöhung der Effektivität und Effizienz der Dienstleistungen zum Inhalt haben, stark ins Zentrum der Aufmerksamkeit gerückt. Diese kommen aus der Betriebswirtschaft und werden auch diskutiert im Kontext der „Ökonomisierung Sozialer Arbeit".

Außerdem gewinnen die methodischen Ansätze, die der *Selbstreflexion* sozialer Fachkräfte dienen, wie zum Beispiel: Supervision, Coaching und kollegiale Beratung, an Bedeutung.

Da diese beiden Aspekte keine direkten Methoden in Bezug auf die Klienten und die Sozialräume darstellen, wird nur kurz in einem gemeinsamen Kapitel darauf eingegangen.

Das Buch ist so aufgebaut, dass der Leser/die Leserin die einzelnen Kapitel für sich erarbeiten kann, allerdings wird immer wieder Bezug genommen auf das in Kapitel 2 entwickelte Fundament.

2

2. Methoden in der Sozialen Arbeit – einige Grundlagen und Ausgangsbedingungen

„Es gibt keine Methode, die das Wagnis der pädagogischen Situation vorwegnehmen könnte." (Hoffmann 1963, 98)

2.1 Was ist eine Methode in der Sozialen Arbeit?

Zusammenfassung: Im Kapitel 2.1 wird erläutert, was unter Methoden Sozialer Arbeit als Teil einer Konzeption zu verstehen ist, welche Ziele sie verfolgen und auf welche Interventionsebenen sie sich beziehen.

2.1.1 Direkt interventionsbezogene Methoden mit dem Klientel

Definition

Unter Methode ist eine *Arbeitsform*/ein Arbeitsprinzip zu verstehen, das sich in einem bestimmten Tätigkeitsfeld auf ein bestimmtes *Klientensystem* (Einzelperson, Paare, Familien, Gruppen) oder ein soziales System (Stadtteil, Gemeinwesen, Häuserblock, Straßenzug) bezieht und bei der in der Regel bestimmte *Hilfsmittel/Techniken* eingesetzt werden, um ein vorher *vereinbartes Ziel* zu erreichen.

Methoden werden dabei häufig als das Scharnier zwischen Theorie und Praxis begriffen, indem wissenschaftliches Erklärungswissen in

Handeln umgesetzt wird. Insofern bilden theoretische Konzepte zu Aufgaben und Funktionen Sozialer Arbeit einen wesentlichen Hintergrund.

Ziele des Methodeneinsatzes

Methoden sollen dem Sozialarbeiter/der Sozialarbeiterin dabei helfen, einen *geplanten*, *nachvollziehbaren* und damit *überprüfbaren* Unterstützungsprozess einzuleiten. Zu beachten sind dabei die Interessen und Bedürfnisse der Adressaten, die Bedingungen und Voraussetzungen der Institutionen und der gesellschaftliche Auftrag Sozialer Arbeit.

Methoden geben den Fachkräften ein *Handlungsinstrumentarium* an die Hand, welches ihnen ermöglicht, von intuitivem zu professionellem Handeln zu gelangen.

Insofern ist der Ausbau der Methoden immer auch ein Indikator für die Professionalisierung des Berufsfeldes Soziale Arbeit.

Methoden als Teil von Konzepten

Die soziale Fachkraft bedarf eines breiten Methodenrepertoires, um je nach Anforderungen auf verschiedenen Interventionsebenen (Einzelperson, Gruppe, Gemeinwesen) auf die Lebenssituation von Klienten flexibel und adäquat reagieren zu können. Wichtig ist, die Methoden nach den Problemlagen der Klienten auszuwählen und nicht umgekehrt.

Methodenvielfalt muss nicht heißen, dass die soziale Fachkraft selbst die Umsetzung aller Methoden leisten kann, sie sollte jedoch den Überblick über alle Möglichkeiten haben, um den Klienten ggf. an die richtige Stelle zu verweisen.

In diesem Buch wird ein erweitertes Methodenverständnis zugrunde gelegt, das nicht nur nach dem „Wie“ des Erreichens eines bestimmten Zieles fragt, sondern im Sinne eines *integrativen Methodenverständnisses* die Methoden einem Konzept unterordnet:

Konzept verstanden als „Handlungsmodell, in welchem die Ziele, Inhalte, die Methoden und die Verfahren in einen sinnhaften Zusammenhang gebracht werden“ (Geißler/Hege 2007, 20), also die Gesamtheit der Planung, Durchführung und Auswertung. Unter

Auswertung ist die Nachvollziehbarkeit und Überprüfbarkeit der Intervention zu verstehen.

Methoden verstehen Geißler/Hege als konstitutive Teilaspekte des Konzeptes – „als vorausgedachter Plan der Vorgehensweise" (Geißler/Hege, 22).

Verfahren und Techniken sind Teilaspekte des methodischen Handelns und Hilfsmittel.

Konzept (Ausgangslage und Zielsetzung): Woher? Warum? Wohin? Mit wem?
Methoden (Weg, Form der Intervention): Wie?
Verfahren und Techniken (Einsatz von Hilfsmitteln): Womit?
Evaluation: Was wurde erreicht? Was wurde nicht erreicht?

Es geht also um die

- *Sache* (Welche Probleme sollen mit der Methode bearbeitet werden?)
- *Ziele* (Was soll erreicht werden?)
- *Wege* (Handlungsablauf, Handlungsschritte: Wie können Ziele und Probleme angegangen werden?)

Dabei sind zu berücksichtigen:

- Was sind die Bedürfnisse und Interessen der *Adressaten*?
- Was sind die Rahmenbedingungen der *Institution*?
- Wie nehmen die *gesellschaftlichen* Rahmenbedingungen Einfluss auf die Arbeit?

Bei der Auswahl und Umsetzung ist zu beachten:

1. Methoden beziehen sich auf *unterschiedliche Interventionsebenen* im
   - *Mikrobereich* (Einzelne, Paare und Familien)
   - *Mesobereich* (Gruppen und Netzwerke)
   - *Makrobereich* (sozialräumliche Zusammenhänge, gesellschaftliche, staatliche und politische Strukturen)

Zwischen diesen Ebenen soll es nicht zu einem „Entweder-Oder" kommen, sondern alle drei Ebenen sind Gegenstand von Intervention.

2. Methoden orientieren sich an der jeweiligen Situation des *Einzelfalls* und werden nicht Klienten, Gruppen oder dem Gemeinwesen übergestülpt, sondern diese werden am Entscheidungsprozess beteiligt im Sinne einer *Ko-Produktion*.
3. Methoden bieten *Unterstützung zur Veränderung* äußerer und innerer Umstände, d.h. auch die Rahmenbedingungen, unter denen Klienten leben, sind Teil der Veränderung und Teil der Methoden Sozialer Arbeit im Sinne eines Wechselverhältnisses zwischen Mikro- und Makrobereichen (vgl. Heiner 2007).
4. Methoden verfügen über *Techniken und Hilfsmittel* zur Umsetzung, insbesondere über Verfahren zur Bedarfserhebung, Ursachenklärung, zur Prozessgestaltung von Unterstützungs- und Beratungsprozessen, zur Einflussnahme auf soziale Systeme und zur Selbstreflexion der sozialen Fachkräfte.
5. Methoden beinhalten Techniken zur *Auswertung/Evaluation* des Unterstützungsprozesses.

2.1.2 Organisationsbezogene Methoden

Organisationsbezogene Methoden ist der Oberbegriff für alle Interventionsformen, die nicht direkt auf die Klienten bezogen sind und der Weiterentwicklung der Organisation und ihrer Mitarbeiterinnen und Mitarbeiter dienen.

Mikroebene:

Dazu zählen die personalbezogenen Ansätze wie zum Beispiel

- Supervision und Coaching
- Selbstevaluation

Mesoebene:

- Dazu zählen Ansätze wie zum Beispiel
- Teamentwicklung
- Team- und Gruppencoaching
- Team- und Gruppensupervision
- kollegiale Beratung

Makroebene:

Dazu zählen Angebote zur Entwicklung und Planung wie etwa

- Sozialplanung
- Jugendhilfeplanung

- Sozialmanagement
- Organisationsentwicklung
- Qualitätsmanagement

In diesem Buch wird der Schwerpunkt auf die klientenbezogenen Methoden gelegt, und die organisationsbezogenen Methoden werden im Kapitel 7 nur kurz angerissen.

Reflexionsfragen

- Warum werden Methoden in ein Gesamtkonzept eingebunden?
- Welche Gefahr besteht, wenn Methoden isoliert verwendet werden?
- Welchen Stellenwert haben die unterschiedlichen Interventionsebenen Mikro-, Meso-, Makroebene und warum geht es nicht um ein „Entweder-oder", sondern ein „Sowohl-als-auch" der Intervention?

Weiterführende Literatur

Zwilling, M. (2007): Handlungsmethoden in der Sozialen Arbeit, S. 68 ff.

2.2 Gemeinsame Ausgangsbedingungen und Rahmenbedingungen methodischen Handelns in der Sozialen Arbeit

Zusammenfassung: Im Kapitel 2.2 werden die historischen Entwicklungen der Methoden dargelegt und auf wesentliche Ausgangsbedingungen hingewiesen: die Abhängigkeit der Methoden von gesellschaftlichen Entwicklungen, der Zusammenhang zu Theorien Sozialer Arbeit und die Handlungsoptionen im Spannungsfeld von Interessen der Klienten und politischen und gesellschaftlichen Setzungen.

2.2.1 Kurze historische Einordnung

Methoden etablieren sich zum Ende des 19. Jahrhunderts

Mit dem Aufkommen der „neuen sozialen Bewegungen" zum Ende des 19. Jahrhunderts entwickelte sich nach und nach ein neuer Umgang mit Armut, Hilflosigkeit und Erziehungsbedürftigkeit, der sich gegen die traditionelle Armenpflege und karitative Mildtätigkeit zunehmend durchsetzte. Ein neuer Typus methodischen Arbeitens setzte sich durch, eine Bewegung, die ihren Ausgangspunkt in England, Deutschland und den USA hatte. Im Rahmen dieses Prozesses haben sich historisch die *drei klassischen Methoden* soziale Einzelhilfe, soziale Gruppenarbeit und Gemeinwesenarbeit (GWA) entwickelt (vgl. Müller, C.W. 2006).

Im Faschismus stagniert die Methodenentwicklung

Im Nationalsozialismus war die Methodenentwicklung zum Erliegen gekommen und eine Rückbesinnung auf erste wichtige Entwicklungen in der Weimarer Republik fand nicht statt, so dass sich in der BRD nach dem Zweiten Weltkrieg die Methodenentwicklung vor allem durch die Übernahme amerikanischer Konzepte und Modelle charakterisieren lässt. Dieser Prozess wurde durch entsprechende *Re-education-Programme* der amerikanischen Siegermacht und durch die Rückkehr deutscher Emigranten und Emigrantinnen unterstützt. Die Etablierung der Profession Soziale Arbeit hat ihren Ausgangspunkt in der Hilfe für Einzelne; diese gilt als die älteste und am häufigsten angewandte Methode und machte es der Gruppenarbeit und GWA zunächst schwer, sich in der BRD durchzusetzen.

Methodenkritik im Zuge der Studentenbewegung

Die Methodenentwicklung in den USA und auch in der BRD orientierte sich in der weiteren Ausgestaltung stärker an den *Sozialwissenschaften*, im Kern blieb jedoch, dass soziale Einzelhilfe die zu bearbeitenden Probleme schwerpunktmäßig individuell wahrnahm und damit soziale Probleme zu persönlichen und psychischen Problemen definiert wurden.

An diesem Punkt setzte die heftige *Kritik der Studentenbewegung* an der Einzelhilfe an: Einzelhilfe wurde als *entpolitisierend* und *individualisierend* gebrandmarkt, da gesellschaftliche Ursachen von Armut und sozialer Not verdeckt würden und Soziale Arbeit nur Symptombekämpfung betreibe, statt die Ursachen anzugehen. Ein solches Verständnis Sozialer Arbeit sei reaktiv und konservativ und diene der *Systemstabilisierung*. Soziale Fachkräfte machen sich damit

– so lautete der Vorwurf – zu „Agenten" des Kapitalismus: Indem sie durch persönliche Einzelhilfe dazu beitrügen, dass soziale Probleme individualisiert würden (und damit die Klienten pathologisiert würden), werde die Gesellschaft davon entbunden, strukturelle Lösungen für die sozialen Probleme anzugehen (*Sozialarbeit als Befriedungsstrategie*). Soziale Arbeit müsse sich vielmehr als politische Praxis etablieren; dies sei vor allem in der Gemeinwesenarbeit möglich.

Als Konsequenz aus dieser Kritik entstanden verschiedene *politische Bewegungen* der Sozialarbeiterinnen/-arbeiter, die Ausbildung wurde durch das Projektstudium verändert mit dem Ziel, bereits in der Ausbildung *gesellschaftsverändernde Praxis* zu leisten (Beispiele: Heimkampagnen, Kinderladenbewegung, verschiedene GWA-Projekte).

Einzelhilfe selbst wurde grundsätzlich abgelehnt und damit auch nicht weiterentwickelt.

Was blieb, war ein grundlegendes *Unbehagen an der Einzelhilfe* als einer Methode, der eine wissenschaftliche Grundlage fehle und die in ihrer isolierten Anwendung den sozialen Problemen der Klienten Sozialer Arbeit nur bedingt gerecht werde.

Diese radikale Kritik aus der Zeit der Studentenbewegung ist heute einem veränderten Verständnis gewichen: beide Bereiche, die Arbeit mit dem Individuum und die Arbeit an den Ursachen, die soziale Notlagen bewirken, werden heute als sich ergänzende begriffen.

Der „Psychoboom" in der Methodenentwicklung, oder: Die Strategie der Therapeutisierung und Spezialisierung

Die Strategie der Studentenbewegung einer politischen Sozialarbeit ging jedoch nicht auf: Mit dem Scheitern der breiteren Etablierung alternativer Methoden und dem „Ende" der Studentenbewegung hat sich die Soziale Arbeit mit Einzelnen, Paaren und Familien ab Mitte der 70er Jahre stark an dem sog. „Psychoboom" orientiert – unterschiedlichste therapeutische Schulen fanden Einzug in die Soziale Arbeit und erschwerten den Durchblick. Einher mit der *Therapeutisierung der Sozialen Arbeit* ging eine Strategie der *Spezialisierung*. Arbeitsfelder wurden aufgeteilt und in Spezialgebiete unterteilt. Fachstellen für verschiedene Problemlagen von Klienten entstanden.

Entscheidend war, dass hier vor allem *Anleihe an therapeutischen Konzepten* genommen wurde und das eigenständige Profil der sozialen Einzelhilfe teilweise verloren ging. Es setzte eine heftige Diskussion über den Zusammenhang bzw. Unterschied zwischen Sozialarbeit und Therapie ein.

Die *Strategie der Spezialisierung und Therapeutisierung* Sozialer Arbeit lässt sich an folgenden Eckpunkten festmachen:

- Verfeinerung der Interventionsstrategien von Einzelhilfe z.B. in klientenzentrierten, verhaltenstherapeutischen oder kommunikationstheoretischen Ansätzen;
- Ausbau der Spezialisierung durch Sonderdienste, insbesondere Beratungsdienste für spezielle Klientengruppen;
- zunehmende Spezialisierung der sozialen Fachkräfte durch Fort- und Weiterbildung insbesondere im Bereich Familienberatung, Familientherapie und Gesprächstherapie.

Auf die sozialen Fachkräfte haben die therapeutischen Konzepte zum Teil eine hohe Anziehungskraft. Zum einen sehen sie darin eine *Chance zur qualitativen Verbesserung* ihrer Arbeit, zum anderen gewinnt für sie das *Ansehen ihres Berufes* durch eine Orientierung an psychologischen Berufsinhalten.

Die Frage um das Spannungsverhältnis zwischen Sozialarbeit und Therapie hält bis heute an.

„Sozialarbeit als Therapie" und „Sozialarbeit – nicht Therapie", so kann man den Spannungsbogen der Diskussion beschreiben. Gleichwohl setzt sich in der Profession immer mehr ein Ansatz durch, der das *eigenständige Profil* der Sozialen Arbeit hervorhebt, zwar die Nutzung therapeutischer Techniken für sinnvoll erachtet, aber das Spezifische der Sozialen Arbeit im Unterschied zur Therapie betont.

Eigenständige sozialpädagogische Beratungskonzepte entwickeln sich

Insbesondere die Beratung etablierte sich als eigenständige Methode in der Sozialen Arbeit mit einem sozialpädagogischen Profil im Kontext des lebensweltorientierten Ansatzes (vgl. Kapitel 3.7).

Ein neues Methodenverständnis gewinnt an Profil: Probleme ganzheitlich wahrnehmen – Methoden vernetzen – auf mehreren Ebenen aktiv werden.

Die in der Bundesrepublik historisch gewachsenen drei klassischen Methoden Einzelhilfe, soziale Gruppenarbeit und Gemeinwesenarbeit finden sich nach wie vor bis heute in der Literatur und Praxis, wenn auch mit unterschiedlichen Akzenten.

Zwischenzeitlich sind aber auch eine Reihe neuerer Methoden hinzugekommen, und die Diskussion bewegt sich verstärkt in Richtung eines *ganzheitlichen Methodenverständnisses*. Während vor ca. 30 Jahren die Methoden noch stark gegeneinander ausgespielt wurden, werden sie heute als sich ergänzend verstanden.

Bei der Methodenintegration (auch Intermethodik) geht es nicht mehr um eine Auswahl aus verschiedenen Methoden, sondern um ein methodisches Vorgehen auf der Basis ganzheitlichen Denkens und vernetzten Handelns.

Weiterführende Literatur

Müller, C. Wolfgang (2006): Wie Helfen zum Beruf wurde

2.2.2 Der Überbau: Methodisches Handeln ist eingebunden in gesellschaftliche Setzungen

Das methodische Handeln in der Sozialen Arbeit findet nicht im luftleeren Raum statt, sondern unterliegt bestimmten Voraussetzungen und Bedingungen, die den Handlungsrahmen abstecken. Dazu gehören:

- gesellschaftlicher *Auftrag* Sozialer Arbeit,
- Einbindung in *bürokratische Organisationen* und staatliche Steuerung (vor allem durch rechtliche Grundlagen, Finanzierungsmodalitäten),
- Institutionalisierungs- und *Professionalisierungsgrad* sozialer Hilfe,
- Kooperation mit *anderen Berufsgruppen* und Koordination der Unterstützung mit anderen Leistungsanbietern und/oder Arbeit in multiprofessionellen Teams.

Diese Bereiche sind nicht als statisch zu verstehen, sondern in permanenter Veränderung. So werden die *gesetzlichen Aufträge Sozialer*

Arbeit besonders in Krisenzeiten häufig neu definiert (z.B. wird die Schulsozialarbeit in Zeiten der Häufung von Problemen an Schulen von der Politik „neu“ entdeckt). Gesetze, Institutionen und Zuständigkeiten ändern sich und sind u.a. auch abhängig von Finanzierungsvereinbarungen zwischen Kommunen, Ländern und dem Bund.

Die Zusammenarbeit mit anderen Berufsgruppen z.B. im Feld der Gemeindepsychiatrie oder der Arbeit mit alten Menschen hat in den letzten Jahren zugenommen und hat zu *neuen Tätigkeitsfeldern* für soziale Fachkräfte geführt. Gerade dies macht es erforderlich, das *spezifische sozialarbeiterische Professionalisierungsverständnis* und Profil zu schärfen und im methodischen Handeln umzusetzen.

2.2.3 Soziale Arbeit: Aushandlungsprozesse im Spannungsfeld von Interessen des Klientels und politisch-gesellschaftlichem Auftrag

Soziale Arbeit ist ein gesellschaftlich organisierter (und finanzierter) Teilbereich staatlichen Handelns (in enger Kooperation mit freien Trägern), der schon immer auch als Element staatlicher Sozialpolitik begriffen wurde. Sie hat die Funktion, Menschen sozial angemessenere Lebensverhältnisse zu ermöglichen, aber auch *Normverletzungen* zu vermeiden, Menschen an bestehende Verhältnisse anzupassen und damit die Stabilität der gesellschaftlichen Ordnung zu unterstützen. Soziale Arbeit ist *die* Institution in der Gesellschaft, die unmittelbar Kontakt zu Belastungen, Not und Differenzen hat, aus denen soziale Beeinträchtigungen erwachsen.

„Soziale Arbeit fügt sich nicht passiv in das Sozialsystem, sondern soll aktiv dazu beitragen, die Idee vom sozialen Staat in der wirtschaftlichen, gesellschaftlichen, kulturellen und sozialen Realität zu verwirklichen“ (Wienand 1999, 7). Auch wenn heute die Eigenständigkeit Sozialer Arbeit wesentlich größer ist und im Vordergrund des Handelns die Persönlichkeit des Klienten stehen soll, ergeben sich immer wieder Reibungspunkte zwischen den Möglichkeiten und Aufträgen Sozialer Arbeit und den Interessen und Bedürfnissen des Klientels, die *Hilfe und Unterstützung* bei der Bewältigung schwieriger Lebenssituationen erwarten.

Indem Soziale Arbeit in ihren professionellen Handlungsbezügen darauf ausgerichtet ist, Themen zu bearbeiten, die von gesellschaftlichem Interesse sind, und dabei praktische Veränderungen in Lebensbezügen zu bewirken, steht sie dabei in einem *mehrfachen Spannungsfeld*: Zum einen ist sie den Vorstellungen und Ansprüchen derer verpflichtet, mit denen sie unmittelbar und mittelbar zu tun hat.

Auf der anderen Seite aber ist dies keine Einbahnstraße als alleinige oder einseitige Fokussierung auf den Klienten, sondern zugleich ist sie denjenigen verpflichtet, die die *Ressourcen* für das sozialarbeiterische Handeln zur Verfügung stellen: zunächst den Organisationen/Institutionen, die die sozialarbeiterische Leistung anbieten. Diese sind auch – wie insgesamt die Soziale Arbeit – „Beauftragte" der Gesellschaft: sei es auf kommunaler oder Länderebene durch die hoheitliche Funktion des „Wächteramtes" des Staates (wie es z.B. im Kinder- und Jugendhilfegesetz dem Jugendamt zugeschrieben ist, wenn das leibliche oder seelische Wohl des Kindes gefährdet ist). Darüber hinaus aber ist Soziale Arbeit – wie alle Funktionssysteme der Gesellschaft auch – an die Normen des demokratischen Rechtsstaats gebunden. Sieht man Soziale Arbeit als eigenständiges Funktionssystem, dem eine besondere Vermittlungs- und „Dolmetscher"funktion zwischen den Subsystemen der Gesellschaft eigen ist, so kommt ihr auch die Aufgabe zu, die normativen Ansprüche der Gesellschaft – wie ihrer Subsysteme – an ihre Klienten zu vermitteln und gegebenenfalls – kraft staatlicher Gewalt – auch durchzusetzen. Auch wenn das dem professionellen Selbstverständnis und Selbstanspruch mancher Fachkräfte der Sozialen Arbeit widerstrebt, so sieht der Staat dies gegenwärtig noch anders, da er z.B. den Fachkräften ein Zeugnisverweigerungsrecht (wie z.B. Priestern und Anwälten) nicht zugesteht (d.h. zum Beispiel, dass der Sozialarbeiter/die Sozialarbeiterin eine ihm/ihr im Rahmen der Arbeit bekannt gewordene Straftat unaufgefordert melden muss).

Aus diesem Dilemma wurde das „doppelte Mandat" des Sozialarbeiters/der Sozialarbeiterin der *Hilfe und Kontrolle* abgeleitet als unterschiedliche und zum Teil gegensätzliche Erwartungen der Auftraggeber Sozialer Arbeit und der Klienten.

Dieser Konflikt wird *strukturell* genannt, weil er in der Struktur des Arbeitsfeldes angelegt ist und nicht vom Vermögen oder Unvermögen des Sozialarbeiters/der Sozialarbeiterin abhängt, sondern sozusagen das „Berufsschicksal“ (von Spiegel 2008, 37) der Berufsgruppe darstellt und die Autonomie des beruflichen Handelns einschränkt.

> „Das doppelte Mandat entsteht unter anderem aus dem Umstand, dass die Soziale Arbeit eine ‚staatsvermittelnde Profession‘ ist. Der Staat bzw. eine Einrichtung der Sozialen Arbeit fungiert als Vermittlungsinstanz zwischen der Profession und ihrer Klientel, in dem (gesetzlich) festgelegt wird, welchen Zielgruppen welche Leistungen und welche Ressourcen zuteil werden“ (von Spiegel 2008, 37).

Die soziale Fachkraft muss diesen Balanceakt zwischen Eingriff in die Lebenssituation der Klienten und der Wahrung der Autonomie des Klienten/der Klientin und seiner/ihrer Wünsche und Bedürfnisse immer wieder neu leisten.

Damit liegt die Wahl der Methoden in der Sozialen Arbeit nicht ausschließlich in den Händen der sozialen Fachkraft und ihrer professionellen Sichtweise, sondern ist auch abhängig von den behördlichen, rechtlichen und administrativen Rahmenbedingungen. Staub-Bernasconi entwickelt die Idee des doppelten Mandats weiter und spricht von einem „*Tripelmandat*“, indem sie die beiden Aspekte Hilfe und Kontrolle erweitert um den Aspekt eines *Ethikkodexes* auf der Basis internationaler Standards wie der Menschenrechte. Dies würde auch die Entwicklung des Berufes zu einer Profession unterstützen.

> „Zum anderen besteht das dritte Mandat aus dem Ethikkodex, den sich die Profession unabhängig von externen Einflüssen gibt und auch seine Einhaltung kontrolliert ... Denn mit ihrem Bezug auf die Menschenrechte erhält Soziale Arbeit als Profession die Möglichkeit theoretischer wie ethischer Gesellschafts- und Trägerkritik. ... Die zentrale Voraussetzung für Politikfähigkeit der Sozialen Arbeit als Profession ist ihre Entkopplung von der Politik und ihrer Repräsentanten“ (Staub-Bernasconi 2007, 7).

2.2.4 Interventionen in der Sozialen Arbeit werden von theoretischen Grundannahmen, Alltagstheorien und weltanschaulichen Haltungen geleitet

Auf das konkrete Handeln des Sozialarbeiters/der Sozialarbeiterin nehmen theoretische Grundannahmen, Alltagstheorien, eigene Haltungen, religiöse und/oder philosophische Orientierungen wesentlichen Einfluss.

Der Einfluss von Alltagstheorien und weltanschaulichen Grundannahmen

Ein Beispiel aus der Geschichte Sozialer Arbeit:

- Je nachdem, von welchem Verständnis über die Ursache sozialer Not Menschen in ihrem Alltag ausgehen, ist die Ebene des metho dischen Handelns unterschiedlich:
- Geht man davon aus, dass *Armut gottgegeben* ist – wie im Mittelalter –, so gibt es keinen Anlass, Menschen aus ihrer Armut zu befreien. Sie müssen dieses Schicksal tragen und Hilfe beschränkt sich auf Wohlfahrt und auf mildtätige Spenden.
- Geht man davon aus, dass *Armut individuell verursacht*, also selbst verschuldet ist („Jeder ist seines Glückes Schmied“), so wird man in der Arbeit mit den Betroffenen versuchen, deren „Fehlverhalten“ zu korrigieren, um sie individuell zu befähigen, soziale Notlagen zu überwinden.
- Wird aber soziale Not als *gesellschaftlich verursacht* interpretiert, so sind auch die Handlungskonsequenzen andere: Nicht der Einzelne steht im Mittelpunkt der Intervention, sondern der Hebel zur Veränderung wird in der Veränderung gesellschaftlicher und (sozial) politischer Rahmenbedingungen gesehen (so z.B. im Rahmen der 68er-Studentenbewegung).
- Alltagstheorien resultieren aus *persönlich gemachten Erfahrungen*, die wiederum zu persönlichen Schlussfolgerungen führen und im eigenen Handeln als *Alltagswissen* genutzt werden. Die Stimmigkeit dieses Wissens wird häufig nicht überprüft und kann zu *Vorurteilen* und Ideologien führen, die das individuelle Verhalten stark beeinflussen.

- Alltagstheorien sind mit der *Theorie des Konstruktivismus* gut zu erklären: Wirklichkeit ist nicht objektiv beschreibbar, sondern wird subjektiv wahrgenommen und verarbeitet. Menschen selektieren ihre Wahrnehmungen auf der Basis bisher in ihrer Lebensgeschichte gemachter Erfahrungen, daraus entstehen individuelle Erklärungs- und Deutungsmuster, Verallgemeinerungen und Zusammenhänge werden konstruiert: eine Alltagstheorie entsteht.

Die Reflexion der eigenen Vorurteile und der verdeckten Alltagstheorien, die das eigene Handeln in der Sozialen Arbeit mit prägen, ist eine wesentliche Anforderung an die Professionalität sozialer Fachkräfte, um zu verhindern, dass die eigene Wahrnehmung und Interpretation für universell gültig angesehen wird.

Der Einfluss von wissenschaftlichen Theorien

Im Rahmen wissenschaftlicher Theorien gewinnt der Einzelne für sein Handeln Richtlinien aus den unterschiedlichsten wissenschaftlichen Disziplinen. Auch hier gilt, dass es die Wissenschaft nicht gibt, sondern dass wissenschaftliche Theorien unterschiedliche Erklärungsansätze liefern und *je nach wissenschaftlichem Hintergrund* methodische Konzepte unterschiedlich geprägt sind. Beispiel:

Geht man davon aus, dass die Hauptursache von späteren Lebensproblemen in der frühkindlichen Sozialisation liegt, so werden Handlungskonzepte im Sinne der Psychoanalyse favorisiert, die diese frühkindlichen Erfahrungen aufzuarbeiten versuchen. Überzeugt eher die Theorie, dass alles Verhalten gelerntes Verhalten ist, so wird im Sinne der Lerntheorie versucht, dem Klienten neues Verhalten „beizubringen", welches geeignet erscheint, seine Probleme zu bewältigen.

Für die Methoden Sozialer Arbeit ist es wichtig, methodisches Handeln auch *wissenschaftlich begründen* zu können.

Warum wird bei einem Jugendlichen, der permanent Schule schwänzt, mit einer methodischen Intervention reagiert, die sein Selbstbewusstsein stärkt? Diese Entscheidung basiert z.B. auf wissenschaftlichen Forschungsergebnissen, dass jugendliche Schulschwänzer unter mangelndem Selbstbewusstsein leiden und deshalb Schule schwänzen.

Warum wird bei einer drogenabhängigen alleinerziehenden Mutter, die ihr Kind seit längerem vernachlässigt, eine Fremdplatzierung des Kindes veranlasst? Hier mögen wissenschaftliche Forschungsergebnisse über den Verlust von Erziehungskompetenz bei Drogenabhängigen ausschlaggebend sein.

Methoden – so das Fazit – sind Ausdruck einer bestimmten *wissenschaftlichen Grundhaltung* und nicht beliebig einsetzbar. Sie variieren zum einen je nach den theoretischen *Begründungszusammenhängen*, die sich beispielsweise aus der Psychoanalyse, Lerntheorie, humanistischen Psychologie, Systemtheorie, dem Konstruktivismus und der Sozialpsychologie ableiten lassen. Zum anderen spielt in diesem Kontext die Diskussion um eine Theorie der Sozialarbeitswissenschaft eine zentrale Rolle. (vgl. Otto/Thiersch 2005, 1876 ff.)

Theoretische Konzeptionen sollten hierbei für das methodische Handeln fachliche und praktische Orientierungen bieten.

Zusammenfassung

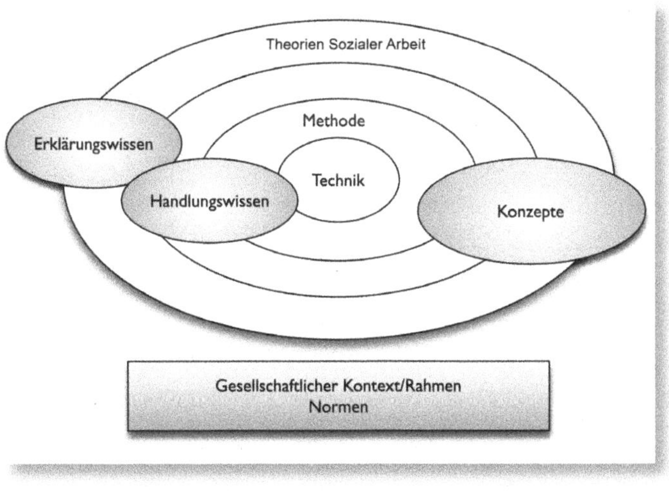

Abbildung 1: Integratives Methodenverständnis als Teil von Konzeption und Theorie Sozialer Arbeit

Reflexionsfragen

- Welche Rahmenbedingungen beeinflussen das methodische Handeln?
- Welchen Einfluss haben Alltagstheorien auf das berufliche Handeln?
- In welchem Spannungsfeld agieren Fachkräfte Sozialer Arbeit?

2.3 Die Basis: Standards für methodisches Arbeiten in der Sozialen Arbeit als fachliche Handlungsorientierungen

> „Folglich lässt sich professionelles Handeln in der sozialen Arbeit nicht auf starre Regelbefolgung reduzieren. Es ist keine bloße Anwendung von Wissen denkbar, sondern lediglich seine fall- und kontextgebundene Verwendung. Diese Transformation des Wissens in Handeln ist eine spezifische Leistung des Professionellen, die nicht nach dem Modell der Übersetzung naturwissenschaftlicher Gesetze in technische Verfahren gedacht werden kann." (Dewe u.a. 2001, 30)

Zusammenfassung: Im Kapitel 2.3 werden grundlegende Kompetenzen und fachliche Handlungsorientierungen, auf denen alle Methoden basieren, dargelegt. Sie bilden das Gerüst methodischen Handelns unabhängig von der jeweils gewählten spezifischen Methode und werden in der Methodendiskussion – zumindest in den meisten Ansätzen – als allgemeingültig geteilt.

Auch wenn die „*Kunst des Helfens*" immer von Unwägbarkeiten geprägt und – bedingt durch die komplexen Lebensverhältnisse von Klienten und die Besonderheit jedes Einzelfalls – nicht im Voraus en detail planbar ist, so existieren doch einige Grundanforderungen an die Fachkräfte, die für ein Gelingen der Unterstützungssysteme wichtige Voraussetzung sind.

Für alle der im Folgenden genannten *Standards* wird für die Entwicklung der sozialen Dienstleistung die *Ko-Produktion* zwischen Fachkraft und Klienten auf einer *dialogischen Basis* vorausgesetzt im Sinn von Spiegel:

> „Fachkräfte der Sozialen Arbeit können ihre Angebote nicht vorproduzieren, sondern sie erbringen ihre Arbeit in Koproduk-

> tion mit ihren Adressatinnen. Sie dürfen ihre Intervention nicht einseitig planen und umsetzen, sondern müssen sich in einen dialogischen Verständigungsprozess mit ihren Adressatinnen einlassen" (von Spiegel 2008, 47).

Dies gelingt nur, wenn die Partizipation des Klienten ernst genommen wird und nicht *für* den Klienten, sondern *mit* dem Klienten gearbeitet wird. Abstrakte Beteiligungsrechte alleine reichen dabei nicht aus, die Fachkraft muss auch über methodische Wege der spezifischen, adressatengerechten Umsetzung verfügen.

Abbildung 2: Standards für methodisches Arbeiten in der Sozialen Arbeit als fachliche Handlungsorientierungen

2.3.1 Methodenintegration

„Wenn man als einziges Instrument einen Hammer hat, sehen alle Probleme aus wie Nägel.“ (Paul Watzlawick)

Das hier vorgestellte Modell basiert auf zentralen *Basiskompetenzen*, die die Sozialarbeiter/Sozialarbeiterinnen für die Anwendung aller Methoden benötigen und die als *fachliche Handlungsorientierungen* zu verstehen sind. Sie werden auf allen Interventionsebenen und für alle Interventionsformen benötigt.

Folgende Abbildung (Abb. 3) macht deutlich, dass nicht eine Interventionsform einer Interventionsebene zugeordnet werden kann, sondern dass alle Interventionsformen für alle Interventionsebenen denkbar sind.

In der Sozialen Arbeit spielen bei der Anwendung unterschiedlicher Methoden drei Elemente eine wichtige Rolle:

- Fachkompetenz: das Wissen um die Methoden und deren Wirksamkeit
- Sozialkompetenz und Personalkompetenz: die inneren Haltungen und Wertmaßstäbe
- Handlungskompetenz: das konkrete Handeln beim Einsatz der Methoden

Die im Folgenden beschriebenen Querschnittskompetenzen bewegen sich auf diesen drei Ebenen.

2.3.2 Ganzheitliche Problemerhebung und subjektives Fallverstehen

„Gäbe es nur eine Wahrheit, könnte man nicht hundert Bilder zum gleichen Thema malen.“ (Pablo Picasso)

Der Sozialarbeiter/die Sozialarbeiterin verfügt über die Kompetenz,

- Probleme des Klienten ganzheitlich in seinen wechselseitigen Bezügen wahrzunehmen und diesen Verstehensprozess dialogisch zu organisieren;
- den Klienten in den Mittelpunkt zu stellen;
- Interventionen auf verschiedenen Ebenen mit verschiedenen Methoden anzuwenden.

Ganzheitlichkeit erfordert eine Sicht auf die Probleme und Anliegen des Klienten, bei der der Sozialarbeiter/die Sozialarbeiterin sich zunächst als allzuständig für die Problemlagen von Klienten begreift. Er/sie

		Interventionsform				
		Psychosoziale Beratung	*Instrumentelle Hilfe*	*Materielle Hilfe*	*Aufsuchende Hilfe*	*Eingriff*
Interventi-onsebene	Einzelne/ Paare	Erziehungsberatung	juristische Beratung, Verweis auf andere Institutionen, Schuldnerberatung	Hilfen nach SGB II und XII	Streetwork für Wohnungslose	Einweisung in Klinik bei Suizidgefahr
	Familie	Sozialpädagogische Familienhilfe	Vermittlung zur Elternbildung, Kinderbetreuung	Schuldnerberatung	Hausbesuche	Fremdplatzierung eines Kindes gegen den Willen der Eltern
	Gruppe/ Netzwerk	Aufbau von Selbsthilfegruppen, Betroffenengruppen	Unterstützung bei der Organisation von Gruppentreffen Alleinerziehender	Räume für Gruppen, Zuschüsse für Treffen	Jugendgruppen an ihren Treffpunkten, in ihrem Milieu	Intervention bei rechtsradikalen Gruppen
	Sozialraum/ Gemeinwesen	Arbeit mit den Bürgern bei Nachbarschaftskonflikten	Bereitstellung von Referenten bei Bürgertreffen, „Know-how" zur Verfügung stellen	Räume für Aktivitäten im Sozialraum, Gelder für Bürgerbefragung u.Ä.	Bürgerinnen und Bürger im Stadtteil zur Beteiligung in der Sozialplanung	Intervention bei Vandalismus

Abbildung 3: Interventionsebenen und Beispiele für mögliche Interventionsformen

sieht diese in ihren Wechselwirkungen und Zusammenhängen und organisiert ein entsprechendes Unterstützungsnetzwerk.

Jedes Handeln in der Sozialen Arbeit bedarf zunächst einer *Situationsanalyse*. Ob mit einem einzelnen Klienten gearbeitet wird oder mit einer Gruppe im Gemeinwesen: zunächst bedarf es eines Bildes über die Situation. Dieses Bild sollte alle Lebensbereiche umfassen und damit *ganzheitlich* sein, d.h., alle Bereiche der Lebensgeschichte und der aktuellen Lebensbezüge werden wahrgenommen und in ihrer Verwobenheit akzeptiert. Der sozialarbeiterische Blick ist in diesem Sinne *mehrperspektivisch* und *dialogisch*: Der Betroffene wird an diesem Erkundungs- und Verstehensprozess aktiv beteiligt. (vgl. Müller 2008, 19 f.)

Diese Bestandsaufnahme ist bereits ein erster Schritt in der Unterstützung des Klienten: Indem der Sozialarbeiter/die Sozialarbeiterin den Klienten/die Klientin bei der Erforschung des eigenen Lebens unterstützt und im *Dialog* mit ihm/ihr sich ein gemeinsames Bild entwickelt, gewinnen beide mehr Klarheit über die Situation.

Bei der Wahrnehmung von Lebenssituationen gibt es nie *die* Wahrheit, sondern es handelt sich immer um Konstruktionsprozesse, in die biografische Erfahrungen einfließen. Indem Klient und Sozialarbeiter/-arbeiterin diese Konstruktionen betrachten, können *Erklärungen und Deutungen* für die konkrete Lebenslage gefunden und re-interpretiert und für die weitere Unterstützung genutzt werden.

Ganzheitlichkeit beschreibt einen Ansatz, der Probleme nicht nach Zielgruppen, Zuständigkeiten oder Methoden sortiert, sondern zum Ausgangspunkt Sozialer Arbeit die Komplexität der Problemlagen nimmt, die mehrperspektivisch im Dialog mit den Betroffenen bearbeitet werden.

Die ganzheitliche Problemerhebung bedeutet auch: Es wird eine breite Problemanalyse über den Einzelfall hinaus mit dem Blick auf das soziale Umfeld und die lokalen Lebensbedingungen abverlangt, mit dem Ziel, persönliche und gruppenbezogene Hilfen zu verbinden mit gemeinwesenbezogenen und sozialpolitischen Aktivitäten.

Das Besondere *sozialpädagogischer Intervention* besteht nach diesem Verständnis darin, auf *mehreren Ebenen* tätig zu werden. Es gibt kein Entweder-oder zwischen der Arbeit mit Klienten und der Beschäftigung mit der Verbesserung sozialräumlicher Lebensbedingungen.

Die soziale Fachkraft hat den *Blick für die Ganzheit der Lebenslagen von Menschen* in einer bestimmten Umwelt.

In diesem Sinne fordert Staub-Bernasconi, die verschiedenen Hilfeebenen nicht gegeneinander auszuspielen, sondern als sich *ergänzende* zu begreifen, also Einzelhilfe und Gemeinwesenarbeit, materielle Hilfe und psychosoziale Hilfe, lokale und sozialpolitische Aktivitäten zu verbinden. (vgl. Staub-Bernasconi 1986)

Auch wenn die einzelne soziale Fachkraft damit überfordert ist, auf diesen unterschiedlichen Ebenen insgesamt ihr berufliches Handeln zu strukturieren, so muss doch ihre Problemanalyse alle Bereiche erfassen.

Ganzheitliche Problemanalyse, methodische Vielfalt und Vernetzung

Die einzelnen Methoden Sozialer Arbeit verstehen sich dann nicht mehr als konkurrierende Interventionsstrategien und sie werden auch nicht einseitig einem bestimmten sozialen Problem zugeordnet. Gefordert ist vielmehr eine *Vernetzung* auch auf der Ebene des methodischen Handelns. Dies kann insbesondere dann gelingen, wenn damit aufgehört wird, in *Adressatenkategorien* zu denken und stattdessen die Arbeitsweisen auf soziale Probleme bezogen werden.

Insofern agieren soziale Fachkräfte als *Generalisten* und nicht als *Spezialisten*. Sie sind keine Experten für bestimmte Methoden, sondern müssen Methodenintegration betreiben (vgl.: Staub-Bernasconi 1986). Diese Strategien der Vernetzung und Generalisierung gelten als wesentliche Momente eines *ökologischen Ansatzes* in der Sozialen Arbeit. Dieser Ansatz lässt sich an folgenden Eckpunkten festmachen:

- ökosoziale statt psychosoziale Sichtweise der Problemlagen von Klienten,
- Feld- statt Fallbezug: das ökologische Verständnis in der Sozialen Arbeit,
- Methodenintegration: vom Spezialisten zurück zum Generalisten.

Methodische Konzepte im Sinne der Therapeutisierung und Spezialisierung isolieren Konflikte von Klienten häufig, *segmentieren nach*

Problemlagen und Zuständigkeiten und es wird nach *einer* Antwort für *ein* Problem gesucht. Ökosoziales Denken dagegen erfordert *ganzheitliches Denken*, Denken in Systemen und ihren wechselseitigen Beeinflussungen.

Gefragt sind also keine Wenn-dann-Lösungen oder Ja-Nein-Antworten zur Einschätzung der Problemlagen von Klienten, sondern Sowohl-als-auch-Interpretationen und Lösungen im Sinne des *vernetzten Denkens*. Bei der Deutung der Lebenssituation von Klienten werden oft lineare Abhängigkeiten hergestellt und die Dinge werden nicht im Zusammenhang des gesamten Lebenskontextes einer Familie oder eines Klienten gesehen, seiner sozialen Beziehungen, seiner näheren und weiteren räumlichen Umgebung. Der *Parzellierung der Problemwahrnehmung* entspricht eine Aufteilung in Zuständigkeiten und Aufgabengebiete in den sozialen Diensten.

Nach dem ökosozialen Konzept geht es nicht um die Beseitigung von einzeln abgrenzbaren Defiziten von Klienten, sondern um den *Blick auf die gesamte Lebenslage* und alle Lebensumstände eines Klienten bzw. von Klientengruppen und um die Beeinflussung von Lebensweisen im Sinne der Veränderung hin zu einem „gelingenden Alltag" und zum *Abbau von Belastungssituationen*.

Im Blickpunkt stehen dabei nicht nur und nicht primär die individuelle Lebenslage, sondern auch regionale und lokale Lebensbedingungen; die Arbeit im Milieu des Stadtteils wird zentral. Es wird deutlich, wie hierdurch die Methode der „Einzelhilfe" durch andere methodische Ansätze *erweitert – nicht ersetzt* – werden muss.

Marianne Meinhold wählt in ihrem Artikel: „Sozio-ökologische Konzepte – alternative Grundlage für die Familienarbeit" als Zugang zu den Problemen der Klienten den Begriffsrahmen „Belastungsbedingungen" und unterscheidet drei Ebenen:

- „Belastungen durch die räumlichen Gegebenheiten der Wohnung und des Wohnumfeldes,
- Belastungen aus Forderungen von Institutionen,
- Belastungen durch die Häufung kritischer Lebensereignisse" (Meinhold 1988, 255).

Damit vermeidet sie es ebenfalls, Probleme der Klienten aus einer persönlichen Defizitperspektive zu bestimmen und ausschließlich zu individualisieren.

Um möglichen Einwänden gleich vorzubeugen: Die Formel „Feld- statt Fallbezug“ meint nicht, sich um Notlagen des einzelnen Klienten nicht mehr kümmern zu müssen, vielmehr soll die *Wechselwirkung* der individuellen Lebenssituation, der jeweiligen sozialen Wirklichkeit mit der lokalen Umwelt, der Einfluss der sozial-räumlichen Faktoren auf die Menschen in einem Stadtteil in den Mittelpunkt rücken. Und die Formel „ökosozial statt psychosozial“ meint auch nicht, dass psychosoziale und therapeutische Hilfen ausgeschlossen sind, sie gewinnen aber einen anderen Stellenwert und verlieren ihren Ausschließlichkeitsanspruch.

Reflexionsfragen

- Was umfasst eine ganzheitliche Situationsanalyse?
- Was will die Formel Feld- statt Fallbezug aussagen?
- Was ist unter der Definition „der Sozialarbeiter als Generalist“ zu verstehen?

2.3.3 Orientierung an der Lebenswelt der Klienten

> *„Nicht vergessen darf man, dass „die bessere Technik, die durchdachtere Methode nur ein Werkzeug ist; als solches nützlich und unentbehrlich. Aber recht handhaben kann es nur ein Mensch, dessen Tun aus einem wachen Geist quillt.“* (Alice Salomon, Soziale Diagnose, 67)

Der Sozialarbeiter/die Sozialarbeiterin verfügt über die Kompetenz,

- mit dem Klienten/Klientengruppen neue Perspektiven für einen gelingenden Alltag zu entwickeln und dabei seine Eigenkompetenz zu erhöhen;
- den Klienten am Unterstützungsprozess aktiv zu beteiligen;
- lebensweltnahe Hilfsangebote zu etablieren.

Eine Antwort auf die – aus der Sicht der Fachdiskussion – Verengung der Methodenentwicklung durch eine Psychologisierung und Therapeutisierung der Problemlagen ist der Ansatz einer *alltagsorientierten Sozialen Arbeit* nach dem Konzept von Hans Thiersch.

Welche Bewältigungs- und Verarbeitungsformen haben Klientinnen/Klienten im Umgang mit ihren Alltagsproblemen? Diese Handlungsmuster sind auf dem Hintergrund der individuellen Lebensgeschichte zu verstehen und gemeinsam mit dem Klienten zu rekonstruieren, womit sie auch dem Klienten zugänglich werden. Welche dieser Strategien sind als gelingend und welche als eher scheiternd zu beurteilen?

Welchen Einfluss nehmen neben den *biografischen Erfahrungen* gesellschaftliche Lebensumstände, unterschiedliche Lebensräume und soziale Ungleichheiten sowie neue gesellschaftliche Verunsicherungen?

Wie kann die soziale Fachkraft dazu beitragen, dass Adressaten zu einem *„gelingenderen Alltag"* gelangen, unter der Prämisse, dass der Klient/die Klientin selbst kompetent ist, sein/ihr Leben zu gestalten?

Die soziale Fachkraft agiert direkt in der Lebenswelt der Betroffenen, die Menschen werden dort aufgesucht, wo sie ihre Alltagswirklichkeit leben, und ihnen werden konkrete Hilfen für die Bewältigung des Alltages angeboten.

Dieses *alltagsorientierte Konzept* verlangt dem Sozialarbeiter/der Sozialarbeiterin einige komplexe Aufgaben ab:

Er/sie muss die Lebenslage des Klienten aus verschiedenen Perspektiven analysieren und Unterstützung im Alltag planen und realisieren unter *Beteiligung des Klienten am Hilfeprozess.*

Diese Alltagsorientierung muss sich natürlich auch in der Wahl der Methoden und Techniken wiederfinden, orientiert an den Bedürfnissen der Adressaten, flexibel bezogen auf den konkreten Alltag des einzelnen Klienten durch *lebensweltnahe Hilfesettings* und lebensweltnahe organisierte Institutionen.

> „Lebensweltorientierte Soziale Arbeit agiert in der Lebenswelt, um in ihr einen gelingenderen Alltag möglich zu machen" (Grunwald/Thiersch 2008, 23).

> „Soziale Arbeit nutzt ihre rechtlichen, institutionellen und professionellen Ressourcen dazu, Menschen in ihren ambivalenten Alltagserfahrungen zu der in ihnen angelegten und oft verstellten und unterdrückten Kompetenz zur Gestaltung

des eigenen Lebens zu stützen und zu befördern" (Grunwald/Thiersch 2008, 14).

Die Umsetzung des Ansatzes in ein Beratungskonzept findet sich in Kapitel 3.7.

Reflexionsfragen

- Was sind die besonderen Merkmale eines alltagsorientierten Konzeptes?
- Welchen Einfluss hat das Konzept auf die Auswahl von Methoden?
- Wodurch unterscheidet es sich von klassischen Beratungskonzepten?

Weiterführende Literatur

Grunwald, Klaus/Thiersch, Hans (Hrsg.) (2008): Praxis Lebensweltorientierter Sozialer Arbeit

Seithe, Mechthild: Praxisfeld (2001): Hilfe zur Erziehung, Fachlichkeit zwischen Lebensweltorientierung und Kindeswohl

Thiersch, Hans (2005): Lebensweltorientierte Soziale Arbeit. Aufgaben der Praxis im sozialen Wandel

2.3.4 Ressourcen- und Stärkenorientierung und Netzwerkmanagement[1]

„Wenn Du es nicht aus Dir selbst schöpfst, wo sollst Du es dann suchen?" (Zenrin, Das Gospel des Zen)

Der Sozialarbeiter/die Sozialarbeiterin verfügt über die Kompetenz,

- eine gleichberechtigte Beziehung zu den Klienten aufzubauen,
- Klienten beim Wiedergewinnen ihrer Stärken zu unterstützen,
- die eigenständigen Lebensentwürfe der Klienten zu akzeptieren,
- Ressourcen von Klienten zu erkennen (Ressourcensensibilität),
- Netzwerke auf Mikro-, Meso- und Makroebene zu identifizieren;
- Netzwerke mit dem Klienten zu aktivieren (Netzwerkmanagement);
- in lokalen Netzwerken kollektive Aneignungsprozesse zu unterstützen.

„Hilfe zur Selbsthilfe" ist ein mit langer Tradition behafteter Kerngedanke Sozialer Arbeit. Wenn der Vorwurf der *Defizitorientierung* erhoben wird, liegt das nicht an den Konzeptionen Sozialer Arbeit, sondern eher an teilweise in der Praxis zu beobachtenden Verhaftungen in diesem: Die sozialen Fachkräfte nehmen häufig primär die Unzulänglichkeiten und das Unvermögen des Klienten wahr, die sie in Kontakt mit Sozialer Arbeit bringen, und bleiben dann diesen wahrgenommenen Defiziten des Klienten verhaftet.

Ziel des Konzeptes des *Empowerments* ist es zu verhindern, dass Menschen von externer Unterstützung abhängig werden und ihr Leben immer weniger selbstständig meistern. Der Betroffene übernimmt (wieder) Verantwortung für sein Leben und wird selbst aktiv. In diesem Sinne ist unter *Ko-Produktion* ein gemeinsamer auf Augenhöhe ablaufender Prozess zwischen Klientin/Klient und Sozialarbeiterin/Sozialarbeiter zu verstehen.

Für alle Interventionsformen auf allen Interventionsebenen hat in den letzten Jahren dieses Konzept an Bedeutung gewonnen.

Das Empowerment-Konzept kommt aus den USA und wird in der BRD seit Anfang der 90er Jahre diskutiert. Es beansprucht, einen Paradigmenwechsel weg vom *Defizitansatz* (was kann der Klient nicht, wo liegen seine Schwächen?) hin zum *Ressourcenansatz* (welche Stärken hat der Klient? Über welche Ressourcen verfügt er?) einzuleiten. Auch wenn ältere Konzepte im Sinne der Hilfe zur Selbsthilfe immer schon auf die Stärken des Klienten gebaut haben, wird im Empowerment-Ansatz diese Stärkenorientierung noch konsequenter verfolgt. Insbesondere werden methodische Handlungsoptionen entwickelt, um den Klienten zu befähigen, seine eigenen Stärken wieder zu entdecken und zu aktivieren und die „erlernte Hilflosigkeit“ zu überwinden.

Empowerment lässt sich übersetzen mit: *Selbstbefähigung*, *Stärkung* von Autonomie und Eigenmacht. Der Klient wird in diesem Sinne zur Wiederaneignung von Kompetenz zur Lebensgestaltung in eigener Regie – ohne Fremdbestimmung von außen – befähigt.

Empowerment ist das Anstiften zur (Wieder-)Aneignung von Kräften und Stärken des Einzelnen und von Gruppen zur Selbstbestimmung über die Umstände des eigenen Lebens.

Ressourcen beschreiben die Potenziale eines Menschen, die ihm dabei helfen, in Krisen und Belastungssituationen konstruktiv zu agieren und langfristig Probleme zu reduzieren. Auf der Ebene von

Sozialräumen werden darunter soziale, institutionelle und materielle Potenziale verstanden, die Einzelnen und Gruppen für die Bewältigung von Belastungen zur Verfügung stehen.

Nach Herriger sind zwei unterschiedliche Traditionslinien im Empowerment-Konzept zu unterscheiden:

1. die Selbsthilfebewegung und die neuen sozialen Bewegungen
2. Ausgangspunkt für ein neues professionelles Selbstverständnis

Ad 1: Empowerment als kollektives Engagement für bessere Lebensverhältnisse

Empowerment meint in diesem Zusammenhang die Bewegung von Menschen gegen Machtlosigkeit, erlernte Hilflosigkeit und Apathie durch einen Versuch des Gestaltens, Veränderns ihres Lebens durch mehr *Selbst-Bemächtigung* und Selbst-Aneignung: der Versuch, die autonome Regie über das eigene Leben (wieder) zu gewinnen. Dieser Prozess ereignet sich nicht nur einzeln, sondern im Kollektiv, gemeinsam mit anderen Betroffenen, durch *Vernetzung* und solidarische gemeinsame Aktion. Die solidarische Gemeinschaft steht dabei im Mittelpunkt, die sich gegen Fremdbestimmung, Expertenherrschaft zur Wehr setzt und *Selbstaktivierung* dagegensetzt, eine Gegenmacht aufbaut und kollektiv um bessere Lebensverhältnisse kämpft (Herriger 1995).

Ad 2: Empowerment als professionelles Handlungskonzept

Die Vertreter des eben beschriebenen Empowerment-Konzeptes haben ein sehr kritisches Verhältnis zu staatlichen Instanzen und Wohlfahrtseinrichtungen, denen sie *Entmündigung* durch fürsorgliche Bevormundung vorwerfen.

Die zweite von Herriger beschriebene Traditionslinie kommt aus einer ganz anderen Ecke, nämlich der professionellen Sozialen Arbeit. Sie will damit eine neue *Philosophie des Helfens* begründen. Ausgehend von der Kritik an einer Defizitorientierung, die Klienten immer nur unter der *Perspektive von Unvermögen* und Hilflosigkeit wahrnehme, setzt der professionelle Empowerment-Ansatz an potenziellen *Ressourcen von Klienten* an:

> „Menschen das Rüstzeug für ein eigenverantwortliches Lebensmanagement zur Verfügung zu stellen und ihnen Möglich-

keitsräume aufzuschließen, in denen sie sich die Erfahrung der eigenen Stärke aneignen und Muster solidarischer Vernetzung erproben können“ (Herriger 1995, 31).

Kritisch wird angemerkt, dass durch die Übernahme des in der Selbsthilfebewegung entstandenen Ansatzes Klienten wiederum bevormundet werden (Kolonialisierung der Bewegung). Dem wird entgegengehalten, dass es gerade die Klienten aus unteren Schichten sind, die aufgrund ihrer biografischen Erfahrungen durch Ohnmachtserlebnisse und soziale Benachteiligung die Fähigkeit zum aktiven und kollektiven Handeln gegen Lebensmissstände verloren haben und ihre Stärken und Fähigkeiten nicht mehr wahrnehmen. Um unter diesen Bedingungen Selbstorganisation wieder zu initiieren, bedarf es professioneller Unterstützung.

Dies erfordert von sozialen Fachkräften einen veränderten Blick:

- Abkehr vom *Defizit-Blick* auf Menschen mit Lebensschwierigkeiten
- Verzicht auf pädagogische Zuschreibungen von Hilfebedürftigkeit
- Blick auf die *Menschenstärken* und Vertrauen in menschliches Wachsen
- Grundorientierung an den Wünschen des Klienten
- normative Enthaltsamkeit der Helfer
- *Akzeptanz* von Eigen-Sinn
  (vgl. Herriger 1995, 33)

Herriger skizziert, wie sich diese neuen Haltungen auf die Rolle und das *berufliche Selbstverständnis* der sozialen Fachkräfte auswirken. Nach seiner Einschätzung werden diese:

- zu *Lebenswelt-Analytikern* und kritischen Interpreten, die dem Klienten dabei helfen, seine Lebensgeschichte zu erforschen, den Teufelskreis „erlernter Hilflosigkeit“ zu durchbrechen und neue Lebensentwürfe zu entwickeln;
- *Netzwerker und Ressourcenmobilisierer*; knüpfen von Kontakten zwischen Betroffenen und Zugang schaffen zu bestimmten Ressourcen im Gemeinwesen, Kontakt zu administrativer und politischer Ebene herstellen;
- *Normalisierungsarbeiter*: Wahrung der *Selbstbestimmungsrechte* des Klienten;

- *Sozialpolitische Fachleute*: Entwicklung von Organisationen und Systemen für den Ausbau von Partizipationsmöglichkeiten der Adressaten (vgl. Herriger 1995, 34 f.).

Ressourcenorientierung

Ausgehend von der Erfahrung, dass es für Klienten förderlich ist, wenn sie bei kritischen Lebensereignissen ihre *inneren und äußeren Hilfsquellen* möglichst selbst aktivieren, setzt dieses Konzept an den Ressourcen des Klienten an. Nicht seine Defizite stehen im Zentrum der Intervention, sondern seine Potenziale, Stärken und Fähigkeiten. Das Konzept basiert auf dem Vertrauen in den Menschen und seine Fähigkeiten zu wachsen, und versucht auch dort, wo diese Fähigkeiten verschüttet sind, sie wieder zu entdecken. Das Konzept verzichtet auf vorschnelle, entmündigende Expertenurteile über das „richtige Leben", die die Lebensentwürfe der Klienten verneinen. Die Verantwortlichkeit für Veränderung bleibt damit beim Klienten, die soziale Fachkraft unterstützt den Prozess der Kompetenzgewinnung. Dies gilt gleichermaßen für Gruppen und Netzwerke.

In der deutschen Sozialen Arbeit wird das Empowerment-Konzept auch unter dem Begriff des *Unterstützungsmanagements* rezipiert.

Ziel des Unterstützungsmanagements ist die Mobilisierung, das Arrangement und die Vernetzung von Unterstützungsressourcen. Der Klient soll gestärkt werden, diese Netzwerke zunehmend selbstständig in eigener Regie zu nutzen, er soll Instrumente an die Hand bekommen, einen *gelingenden Alltag* ohne fremde Hilfe zu leben. Dieser Prozess basiert auf einem gemeinsamen Dialog, die soziale Fachkraft arbeitet *mit* und nicht *für* den Klienten bzw. mit und nicht für Gruppen.

Die Ebene des Individuums – Rückgewinnung von Bewältigungskompetenz

In dieses Konzept geht die theoretische Grundannahme ein, dass Menschen, die die Erfahrung machen, Konflikte und Stresssituationen bewältigen zu können („ich schaffe das") und damit über eine *„Kontrollüberzeugung"* und Bewältigungsorientierung verfügen, mit Hilfe dieser Kompetenzen eher in der Lage sind, mit kritischen Lebensereignissen *konstruktiv* umzugehen als andere, die sich den schwierigen

Lebenssituationen gegenüber hilflos fühlen. Existiert kein Vertrauen in die eigene Bewältigungskompetenz in kritischen Lebensphasen, verfügt also der Klient über keine Selbstwirksamkeitserfahrung und „Resilienz“, so werden diese Klienten immer abhängiger von äußerer Hilfe und Unterstützung (vgl. Psychologie heute H. 5/1999, 21 ff.).

Methodische Instrumente für die Individualebene:

- das Unterstützungsmanagement
- die Selbstnarration und Biografiearbeit (vgl. Herriger 1995, 39 ff.)

Die Ebene der Gruppenarbeit – das Stiften von Zusammenhängen

In der Gruppenarbeit geht es um das *Stiften von Zusammenhängen: die Inszenierung, der Aufbau und die Weiterentwicklung von fördernden Netzwerkstrukturen*, die die Selbstorganisation von Menschen unterstützen und kollektive Ressourcen für eine *selbstbestimmte Lebensgestaltung* freisetzen. Durch die Bündelung der individuellen Stärken von einzelnen Klienten und Klientinnen zu gemeinsamen neuen Kraftfeldern wird der Entwicklungsprozess unterstützt.

Instrumente für die Gruppenebene:

- die Netzwerkanreicherung
- Netzwerkförderung (vgl. Herriger 1995, 39)

Die Ebene von Organisationen, Sozialräumen und die politische Ebene: Raum für Bürgerbeteiligung

Auf dieser Ebene geht es um das Schaffen eines förderlichen Klimas für Selbstorganisation und bürgerschaftliches Engagement (vgl. Herriger 1995, 39).

Im Zusammenhang mit diesem Empowerment-Konzept stehen auch die in den letzten Jahren wieder stärker in das Bewusstsein gerückten Modelle der Bürgerbeteiligung und *Partizipation* von Betroffenen an Planungs- und Entwicklungsprozessen und die Verbreitung von *Strategien der Einmischung*; hierzu wurden eigenständige methodische Instrumentarien entwickelt.

Reflexionsfragen

- Welches Bild des Klienten prägt der Empowerment-Ansatz?
- Wodurch unterscheidet sich Empowerment auf der Individualebene, der Gruppenebene und der Ebene des Gemeinwesens?
- Welche Grundhaltung sollte ein Sozialarbeiter/eine Sozialarbeiterin nach dem Empowerment-Konzept einnehmen?

Weiterführende Literatur

Herriger, Norbert (1995): Empowerment. Oder wie Menschen Regie über ihr Leben gewinnen

Herriger, Norbert (1997): Das Empowerment-Ethos

Nestmann, Frank: Ressourcenarbeit (2008), in: Grunwald/Thiersch, S. 69 ff.

Lenz, Albert/Stark, Wolfgang (2002): Empowerment, neue Perspektiven für psychosoziale Praxis und Organisation

Herriger, Norbert (2006): Empowerment in der Sozialen Arbeit

Internetseiten: www.empowerment.de/materialien_5.html

www.ub.uni-konstanz.de/kops/volltexte/2000/401/html/ress11.html#Inhalt

Empowerment (Selbstbefähigung, Selbstermächtigung)

Ziel: die vorhandenen Fähigkeiten zu kräftigen und Ressourcen freisetzen

V V

Haltung

V

Philosophie der Menschenstärken

V

- symmetrische Arbeitsbeziehung
- die Annahme, dass der Coach über alle Ressourcen verfügt
- die Achtung vor der Autonomie und der Selbstverantwortung des Coaches
- die normative Enthaltsamkeit des Coaches
- Wahlrecht im Hinblick auf die Gestaltung des Berufs- und Lebensalltags

V

Handlung

V

Methoden/Techniken

V

- partnerschaftliches Aushandeln des Kontrakts, gemeinsame Festlegung von Zielen, Verfahren und Zeitperspektiven
- Diagnose (wertschätzende Erforschung) der lebensgeschichtlich verankerten Stärken
- Frage nach Ausnahmen bei der Beschreibung eines problematischen Verhaltensmusters
- Reframing (Umdeutung)

V V

das Vertrauen in die eigene Bewältigungskompetenz; **Personenressourcen** lebensgeschichtlich gewachsene, persönlichkeitsgebundene Überzeugungen, Selbstwahrnehmungen, emotionale Bewältigungsstile und Handlungskompetenzen

(1) **physische Ressourcen**
- Gesundheit; Kraft; Ausdauer;
- ausgeglichen-stabile Stimmungslage; Optimismus und positive Emotionalität; Extraversion; hohe Anpassungsfähigkeit

(2) **psychologische Ressourcen**
- Begabungsressourcen: Lern- und Leistungsfähigkeiten; kreative, künstlerische und musikalische Talente; praktische Intelligenz; psychomotorische Ressourcen;
- Selbstakzeptanz und Selbstwertüberzeugung: ein ungebrochenes Selbstwertgefühl und der feste Glaube an die Sinnhaftigkeit der eigenen Lebensziele und -werte;
- Internale Kontrollüberzeugung: ein hohes Maß an Bewältigungsoptimismus; der feste Glaube an die Gestaltbarkeit von Umwelt und neuen Lebenssituationen und
- motivationale Ressourcen (Interessen und identitätssichernde Lebensziele):
- lebensgeschichtlich gewachsene Problemlösungskompetenz; eine positive Konstruktion von Erfahrungen und eigener Bewältigungsgeschichte; eine positive Erwartung an zukünftige Ereignisse („Zukunftsoffenheit“)

Abbildung 4: Empowerment (Quelle: Wolfgang Munderloh, unveröffentlichte Seminarvorlage)

Kompetenz zum Netzwerkmanagement

„Man hilft seinem Nächsten am besten, wenn man ihm hilft, sich selbst zu helfen."

Netzwerkmanagement

Bei der Umsetzung des Empowerment-Ansatzes spielt das Netzwerkmanagement eine zentrale Rolle im Sinne von:

- Netzwerkberatung – das Kitten von Beziehungsrissen
- Netzwerkförderung – das Stiften neuer sozialer Zusammenhänge

Es geht also um den Auf- und Ausbau sozialer Netze, um zu verhindern, dass der Klient von professioneller Hilfe abhängig wird: Die Eigenaktivierung steht im Vordergrund: Wie kann der Einzelne gerade auch in Belastungssituationen selbst aktiv werden?

Unterschieden wird bei der Entwicklung von Netzwerken zwischen

- *natürlich vorhandenen Netzwerken*
  z.B. Familie, Nachbarn, Freunde und
- *künstlich aufgebauten Netzwerken*
  z.B. Selbsthilfegruppen
  Bürgerinitiativen
  professionell initiierte Gruppen
  Gruppen auf Gemeinde- und Nachbarschaftsebene

Insbesondere die sog. *kleinen sozialen Netze* im familialen Nahumfeld sind in den letzten Jahren als schützender *Puffer gegen Belastungsbedingungen* erforscht worden: Hier erhält der Einzelne Unterstützung bei persönlichen Krisen und vermag diese besser zu bewältigen (vgl. Meinhold 259 ff.).

Netzwerke beschreiben „Geflechte sozialer Beziehungen zwischen einer bestimmten Anzahl von Menschen (oder Organisationen)" (Nestmann 2005, in: Otto/Thiersch, 1684) und beziehen sich sowohl auf das individuelle Netzwerk einer Person (Mikroebene), einer Gruppe (Mesoebene) als auch auf das Netzwerk in einem Milieu, Sozialraum oder einer Gemeinde (Makroebene).

Es ist Aufgabe der Sozialarbeit, dem Klienten dabei zu helfen, solche Ressourcen zu erkennen und „Individuen (Klienten sowie potenzielle oder faktische Helfer im Alltag) in ihren Netzwerkeinbindungen und gegenseitigen Hilfeinteraktionen als Geber und Empfänger zu unterstützen" (Nestmann 2008, 80).

Neben dem Ausbau persönlicher Ressourcen geht es auch um die Entwicklung von Ressourcen *im sozialen Umfeld* von Einzelnen und Gruppen, um die *Entwicklung von Lebensräumen* für Individuen und Gruppen.

> „Networking kann als eine wesentliche Aufgabe von Sozialarbeit verstanden werden. Networking, das heißt: kleine soziale Netze aufbauen, stabilisieren und nutzen, bestehende Netze erkennen, ihre Leistungsfähigkeit einschätzen, erhalten und stärken. Hilfesuchende und Hilfegebende werden zusammengebracht; in Hilfebedürftigen werden Hilfefähigkeiten entdeckt, verschiedene Hilfsangebote koordiniert" (Meinhold 1988, 261).

2.3.5 Kommunikative Kompetenz und Beratungskompetenz

> *„Ich habe keine Lehre, aber ich führe ein Gespräch."*
> *(Martin Buber)*

Der Sozialarbeiter/die Sozialarbeiterin verfügt über die Kompetenz,

- die Wirkung von Kommunikation einschätzen zu können,
- Sinnverstehen und einfühlendes Verstehen umzusetzen,
- Beratungsgespräche auf der Basis von Kommunikationsmethoden zu führen,
- Kommunikationstechniken situationsangemessen einzusetzen,
- seine/ihre Wahrnehmung von Personen zu reflektieren,
- sein/ihr eigenes Verhalten zu reflektieren,
- Beratungsprozesse dokumentieren und evaluieren zu können.

Das zentrale „Handwerkszeug" der Sozialarbeiterin/des Sozialarbeiters ist ihre/seine eigene Person und das Gespräch, die Kommunikation mit Einzelpersonen, in Familien, mit Gruppen und auch mit Vertretern anderer Berufsgruppen, ebenso wie auf politischer Ebene. D.h., der Sozialarbeiter/die Sozialarbeiterin benötigt kommunikative Fähigkeiten für die Interaktion im gesamten Berufsfeld und er/sie muss die Wirkung von Kommunikation auf andere kennen und mit Verständigungsproblemen konstruktiv umgehen können.

Basierend auf Watzlawick hat Schulz von Thun die Gesetzmäßigkeiten der Kommunikation und ihre Auswirkung auf alltägliche und professionelle Kommunikationsprozesse in seinen Büchern: „Miteinander reden" dargestellt.

Grundlagen gelingender Kommunikation und Gesprächsführung sind deshalb nicht nur methodisches Basiswissen für die Arbeit in der Einzelhilfe, sondern auch für alle anderen Interventionsebenen.

Stimmer beschreibt ebenfalls die *Beratung in der Sozialen Arbeit* als ein zentrales Tätigkeitsmerkmal. Sie findet zum einen in allen Tätigkeitsfeldern Anwendung, zum anderen existieren spezialisierte Beratungsansätze in der Sozialen Arbeit, die sich häufig auch auf bestimmte Klientengruppen zentrieren (vgl. Stimmer 2006, 54). Auf solche wird in Kapitel 3.7 eingegangen.

2.3.6 Interkulturelle und Genderkompetenz

Der Sozialarbeiter/die Sozialarbeiterin verfügt über die Kompetenz,

- seine/ihre eigene kulturelle und geschlechtliche Eingebundenheit zu reflektieren und im professionellem Handeln bei sich und anderen zu berücksichtigen (kulturelle Identität und Gendersenibilität),
- Heterogenität zu erkennen und zu ermöglichen,
- Strategien zur Überwindung von Ungleichheit und Diskriminierung zu entwickeln,
- bei der Wahl von Methoden und Interventionsformen kulturelle Hintergründe und Genderaspekte zu berücksichtigen.

Die individuellen Biografien von Klientinnen und Klienten sind geprägt von kulturellen, sozialen und geschlechtsspezifischen Erfahrungen. Diese beeinflussen den Lebensentwurf und die Möglichkeiten zur Selbstverwirklichung und sind auch in der Interaktion zwischen sozialen Fachkräften und Klienten/Klientinnen gegenwärtig.

Gleichermaßen sind die Haltungen der Fachkraft für die Interaktion entscheidend: Wie nehme ich die „Fremdheit" meines Gegenübers wahr, wie habe ich selbst entsprechende Erfahrungen reflektiert, wie die eigenen geschlechtsspezifischen Erfahrungen aufgearbeitet? Diese Prozesse laufen auf dem Hintergrund einer sich ständig weiterentwickelnden multikulturellen Gesellschaft und gestalten sich häufig spannungsreich und widersprüchlich.

2.3.7 Ethisch-normative Grundhaltung und Kompetenz zur Selbstreflexion

Der Sozialarbeiter/die Sozialarbeiterin verfügt über die Kompetenz,

- die ethischen Grundlagen seines/ihres Handelns zu reflektieren,
- die anwaltliche Funktion Sozialer Arbeit umzusetzen,
- mit den Klienten ein wechselseitig vertrauensvolles Arbeitsbündnis einzugehen,
- seine/ihre Arbeit selbstreflexiv auszuwerten und weiterzuentwickeln.

Ethische Standards umfassen Richtlinien und Grundlagen, die das Handeln der sozialen Fachkräfte leiten und sich insbesondere auf das *Verhältnis zwischen Professionellen und Klienten* beziehen.

Auf Seiten des Klienten/der Klientin soll Vertrauen entstehen und seiner/ihrer Person mit Akzeptanz und Respekt begegnet werden.

Der Sozialarbeiter/die Sozialarbeiterin benötigt als Basis für sein/ihr Handeln eine klare *ethische Orientierung*: Wertschätzung für die Menschen auf der Basis eines humanistischen Menschenbildes, Empathie, Gerechtigkeit, ein angemessenes Verhältnis von Nähe und Distanz, eine offene, partnerschaftliche und entwicklungsorientierte, auch konfrontierende, fordernde Haltung sind für eine professionelle Arbeit wesentliche Kriterien.

Gerade eine Profession, die sich dadurch auszeichnet, dass sie mit Menschen in schwierigen Lebenssituationen arbeitet, sich in diese einmischt und – versehen mit einem gesellschaftlichen Auftrag – vielfältig im privaten Alltag der Betroffenen interveniert, muss ihre normativ-ethischen Dimensionen, ihre moralischen Grundlagen klären. Was ist erlaubt? Was kann ich vor mir selbst vertreten? Welche Grenzen halte ich ein? Was ist tabu?

In diesem Kontext werden persönliche *Grundhaltungen und Werte* thematisiert wie z.B. die Würde des Menschen, die Einmaligkeit des Individuums und der Glaube an Veränderbarkeit menschlichen Verhaltens und Handelns. In diese Reflexion gehört auch die Frage des Verhältnisses zu den Klienten im Sinne einer *ethischen Selbstreflexion*.

Handeln in der sozialen Art unterliegt historischen Veränderungen und unterscheidet sich kulturell. Dennoch sind für die Entwicklung der individuellen Handlungskompetenz allgemeine Orientierungen notwendig. Universell Geltung haben z.B. die *Menschenrechte*, in unserem Land die im *Grundgesetz* verankerten Rechte, weitere Orientierungen finden sich in Leitbildern von Trägern und Organisationen.

Anwaltliche Funktion Sozialer Arbeit

Grundsätzlich ist die soziale Fachkraft Anwalt des Klienten und unterstützt diesen bei der Bewältigung von Problemen in dessen Lebensumfeld und Lebensalltag. Methodisches Handeln bewegt sich dabei häufig im Spannungsfeld von Eingriff und dem Anspruch auf persönliche Freiheit des Klientel. Die Reflexion dieses Grundkonfliktes zwischen persönlicher Hilfe und dem Wächteramt des Staates bedarf einer permanenten Überprüfung des eigenen Handelns im Sinne selbstreflexiver Prozesse.

Selbstreflexions- und Weiterentwicklungs-Kompetenz

Ein Sozialarbeiter/eine Sozialarbeiterin sorgt für sich selbst, indem er/sie Supervisions- oder Coaching-Reflexionen mit einer Fachperson vornimmt. In solchen Reflexionsprozessen wird das Verhältnis zum Klienten ebenso reflektiert wie Prozesse und Interventionen hinterfragt, überprüft und aus anderer Warte nochmals betrachtet werden. Eigene *Unsicherheiten*, eigene Gefühle und Überlegungen über den weiteren Prozessverlauf können dort ebenso reflektiert werden wie Fragen nach der *Berufsrolle*.

Die Freiheit, sich zu ändern, neue Verhaltensweisen einzubringen, Neues, auch Inhaltliches zu lernen und dieses zu nutzen, gehört zum Repertoire eines/einer professionell arbeitenden Sozialarbeiters/ Sozialarbeiterin.

Diese Reflexionsprozesse können einzeln oder in Gruppen stattfinden. Hierzu zählen alle Methoden, die den Prozess des Nachdenkens über das eigene Handeln, die eigenen Haltungen und Grundorientierungen unterstützen.

Dazu gehören z.B. Supervision, Coaching, kollegiale Beratung, Evaluation und Selbstevaluation. Näheres dazu in Kapitel 7.2.

Ethisch-normative Grundlagen (Codes of Ethics) am Beispiel Gordon Hamilton (1948):

1. Unsere Fähigkeit, anderen wirksam zu helfen, ist abhängig von unserer Achtung für die menschliche Persönlichkeit.
2. Hilfe ist am wirksamsten, wenn der Empfänger an der Hilfemaßnahme aktiv beteiligt ist und mit Bewusstsein und Verantwortung an der Gestaltung teilnimmt.
3. Achtung des anderen schließt die Achtung für die Unterschiede zwischen Menschen ein.
4. Eigenes Verstehen – Erkenntnis des Selbst – ist wesentlich zum Verständnis anderer.
5. Der Einzelmensch hat Verantwortung nicht nur sich selbst gegenüber, sondern auch für die Gesellschaft, in der er lebt.

Reflexionsfrage

- Wie würden Sie heute – 60 Jahre später – solche ethisch-normativen Grundlagen formulieren?

Weiterführende Literatur

Deutscher Berufsverband für Sozialarbeit, Sozialpädagogik und Heilpädagogik e.V. (Hrsg.) (1997): Berufsethische Prinzipien des DBSH, ethische Grundlagen der Sozialen Arbeit, als pdf im Internet verfügbar: www.dbsh.de

Lob-Hüdepohl, Andreas (2007): Ethik Sozialer Arbeit, ein Handbuch

3

3. Konzepte für die Arbeit mit Einzelnen, Paaren und Familien

Zusammenfassung: Im Kapitel 3 wird die Methode der Sozialen Einzelhilfe behandelt: ihre historischen Anfänge, ihre Weiterentwicklung und Professionalisierung insbesondere in der Hilfeplanung, der klientenzentrierten Gesprächsführung und in sozialpädagogischen und psychosozialen Beratungsansätzen sowie dem Case Management. Eine besondere Problematik besteht, wenn aus Unterstützung ein Eingriff – gegen den Willen der Betroffenen – wird; insbesondere bei Kindeswohlgefährdung. Auf diese Problematik und auf das Thema „Hausbesuch" wird ebenfalls eingegangen.

Für die Arbeit mit Familien haben sich einige spezielle Ansätze etabliert, die kurz dargestellt werden: Mediation, die sozialpädagogische Familienhilfe und die Konzepte „Familien im Mittelpunkt" und „Familie im Stadtteil".

3.1 Zur Geschichte der sozialen Einzelhilfe – einige Anmerkungen

Soziale Arbeit mit Einzelnen, Paaren und Familien gilt als die *älteste Methode der Sozialen Arbeit* und stellt den *Kern der Sozialen Arbeit* seit ihrem Bestehen dar. Sozialarbeiter selbst schätzen, dass sie

Zweidrittel ihrer Arbeit umfasst. Dieser Ansatz wird historisch unter dem Begriff der Einzelhilfe oder Einzelfallhilfe zusammengefasst, meint aber nicht nur die Arbeit mit einem einzelnen Klienten, sondern auch mit Paaren und Familien.

Wie für alle Methoden, so hat auch für die Einzelhilfe (case work) die Entwicklung in den USA einen wesentlichen Einfluss auf die deutsche Konzeption. Hier einige Eckdaten:

Mary Richmond veröffentlicht 1917 das Buch „Social Diagnosis“, ein Lehrbuch, in dem sie ihre Erfahrungen im Rahmen der COS (Charity Organisation Society) zu einem Modell methodischen Handelns verarbeitet.

Augenfällig in ihrem Konzept ist die Nähe zur Medizin und Psychologie; dies wird besonders an dem bis heute in Varianten immer wieder zu findenden Dreischritt deutlich:

- *Anamnese* (auch Fallstudie, Aufnahme, „Assessment“ genannt): das Sammeln von Daten steht im Vordergrund
- *Diagnose*: Überdenken und Ordnen der Daten mit dem Ziel einer Erklärung für die Notlage
- *Therapie* (auch Behandlung/Intervention genannt): Einleitung von Hilfemaßnahmen zum Abbau der Notlage

1926 veröffentlicht *Alice Salomon*, die Wegbereiterin der professionellen Einzelhilfe in Deutschland, in Anlehnung an Richmond ein Buch mit dem Titel: „Soziale Diagnose“.

Zu einer breiteren Rezeption der amerikanischen Casework-Modelle kommt es nach dem Zweiten Weltkrieg, nachdem die Weiterentwicklung der Methoden unter dem Nationalsozialismus zum Erliegen gekommen war. Die amerikanische Methodenentwicklung war zu diesem Zeitpunkt stark von der *Psychoanalyse* beeinflusst, die innere Erlebniswelt des Klienten rückt in den Vordergrund gegenüber gesellschaftlichen Verhältnissen. In den USA war eine starke Kooperation zwischen Ärzten, Psychiatern und Fürsorgern zu beobachten, Festlegungen, die schon damals eine *intensive Einzelfallarbeit* ermöglichten. Der Zugang zu *therapeutischen* Konzepten erwies sich als brauchbar für die Praxis des social casework.

Casework-Ansätze in der Aus- und Fortbildung und in der Berufspraxis etablieren sich unter dem Begriff der „*vertieften Einzelfallhilfe*“.

Dieser Terminus sollte ausdrücken, dass die Fälle genauer betrachtet, analysiert und bearbeitet wurden, dass der ganze Mensch betrachtet wurde und nicht nur ein eingegrenztes Problem. Damit begann die Entwicklung eines neuen beruflichen Selbstverständnisses: Das Jugendamt entwickelte sich langsam von einer *Eingriffs- und Kontrollbehörde zum Partner und Berater von Familien und Einzelpersonen*. Im Vordergrund sollte der Aufbau einer helfenden Beziehung (so der Titel eines Buches von Ruth Bang, München 1970) stehen, das Prinzip der Individualisierung nimmt seinen Anfang, wie dies auch in der folgenden Definition von 1977 zum Ausdruck kommt.

> „Behandlung in der sozialen Einzelhilfe wird als eine abgestimmte Mischung von Vorgängen gesehen, die so, wie es diagnostisch angezeigt erscheint, auf eine Veränderung in der Person oder in ihrer sozialen oder zwischenmenschlichen Umgebung oder in beidem hinarbeitet und auf eine Modifikation des Austausches abzielt, der zwischen Mensch und Umwelt stattfindet. Zum größten Teil werden diese Ziele in Besprechungen zwischen Klient oder Klienten, Sozialarbeiter und wichtigen anderen Personen und durch ein Angebot an konkreten Hilfsmaßnahmen verfolgt" (Hollis 1977, 49).

Der von Richmond und Salomon entwickelte Dreischritt findet sich bis heute in verschiedenen Varianten und wurde später auch auf die Methoden der Gruppenarbeit und Gemeinwesenarbeit übertragen.

Eine Erweiterung hat dieser um den Aspekt der *Evaluation* (im Sinne von Erfolgs-/Misserfolgskontrolle: Was habe ich mit meiner Arbeit erreicht?) erfahren.

Diese Phaseneinteilung unterstreicht ferner die Prozessorientierung des methodischen Handelns.

Reflexionsfragen

- Wofür ist die Einteilung des Unterstützungsprozesses in Phasen hilfreich?
- Worin lag der besondere Paradigmenwechsel der Einzelhilfe in den 70er Jahren des letzten Jahrhunderts?

Weiterführende Literatur

Neuffer, Manfred (1990): Die Kunst des Helfens

3.2 Die Bedeutung des Erstgespräches in der Arbeit mit Einzelnen/Paaren und Familien

Wenn man das erste Knopfloch verfehlt, bekommt man die Weste nicht mehr zu. (Goethe)

Warum ist das Erstgespräch so wichtig?

Die Anfangsphase der Zusammenarbeit zwischen Klient und Fachkraft ist entscheidend für den weiteren Verlauf und hat insofern eine zentrale Bedeutung (vgl. Kähler 2001, 34 ff.).

Die Bedeutsamkeit des Erstgespräches liegt darin, dass hier die ersten wichtigen Weichen für die Beziehung zwischen Sozialarbeiter und Klienten gelegt werden. Kann eine *Vertrauensbasis* hergestellt werden, so dass der Klient/die Klientin offen über seine/ihre Probleme spricht? Gelingt es, sein/ihr Misstrauen gegenüber staatlichen Instanzen zu überwinden und die Fachkraft als Unterstützer zu begreifen?

Gelingt es der Fachkraft, unvoreingenommen und unbelastet durch eventuelle Vorinformationen aus Akten und anderen Quellen auf den Klienten zuzugehen?

Handelt es sich um ein vom Klienten gewünschtes Gespräch oder ist er nicht freiwillig zu dem Gespräch gekommen?

Ausgangslage bei Klient und Fachkraft

Wie lässt sich die Situation vor einem ersten Kontakt charakterisieren? (vgl. zum Folgenden: Kähler 2001, 187 ff.)

Die Situation ist geprägt von *Unsicherheit*, *Fremdheit*, vielleicht auch Angst, zumindest Anspannung. Der Klient geht in der Regel davon aus, dass der Anlass des Kontaktes ein Problem in seinem Lebensalltag betrifft, er rechnet damit, einiges von sich preisgeben zu sollen und häufig verspürt er eine Ambivalenz: das Bedürfnis nach Unterstützung und den Wunsch nach Nicht-Einmischung in sein Leben. Die soziale Fachkraft wiederum sieht sich einer komplexen, nicht leicht zu durchschauenden Lebenssituation ausgesetzt; es besteht der Anspruch, dass sie schnell „durchblickt“, also die Sache, um die es geht, erfasst, und gleichzeitig möchte sie eine *Beziehung zu dem Klienten aufbauen* und einen Einblick auch in sein Lebensumfeld gewinnen.

Ziele des Erstgespräches

Kähler definiert, dass es zentrale Zielsetzung im Erstgespräch sein soll, ein *Arbeitsbündnis* mit dem Klienten aufzubauen. Deshalb sei Vertrauensbildung zentrales Ziel aller Erstgespräche (vgl. Kähler 2001, 191).

- Auf der Sachebene: *Informationen* über die Lebenssituation des Klienten gewinnen: „Sich ein eigenes Bild machen".
- Auf der Beziehungsebene: *Anschluss finden*, Kontakt und Basis für vertrauensvolle Zusammenarbeit herstellen, Arbeitsbündnis aufbauen.
- *Hilfebedarf abklären* statt Rat erteilen; es ist in der Regel viel zu früh, schon in einem Erstgespräch konkrete Unterstützungsangebote zu unterbreiten. Viel wichtiger ist es, dass ein Arbeitsbündnis zwischen Fachkraft und Klient hergestellt werden kann und eine gemeinsam geteilte Einschätzung über den Unterstützungsbedarf erzielt wird.

Hier ist insbesondere die unter 2.3.6 beschriebene Kommunikationskompetenz des Sozialarbeiters/der Sozialarbeiterin gefragt, mit dem Ziel, dem Gegenüber Orientierung zu geben, Sicherheit entstehen zu lassen und Befürchtungen abzubauen.

Gesprächsphasen

1. Türöffner/Warming up
2. Vorstellung der eigenen Person und Darlegung des Auftrages
3. Gesprächsverlauf: Abklären, was Sache ist, Schlüsselthemen finden, gemeinsame Bestandsaufnahme, Optionen für Arbeitsbündnis klären, keine Ratschläge!
4. Gesprächsabschluss: Reflexion des Gespräches, zusammenfassen und Vereinbarungen treffen
5. nach Abschluss: dokumentieren und reflektieren

Weiterführende Literatur

Kähler, Harro Dietrich (2001): Erstgespräche in der sozialen Einzelhilfe

3.3 Hilfeplanung als klassische Methode der Arbeit mit Einzelnen, Paaren und Familien

3.3.1 Grundlagen

Hilfeplanung ist nach Inkrafttreten des KJHG in ihrer Bedeutung stark aufgewertet worden und inzwischen fester Bestandteil der Arbeit vor allem im Jugendamt. Mit dem KJHG sollte ein neues Verständnis der Kinder- und Jugendhilfe weg von der Eingriffs- und Kontrollinstanz hin zu einem *familienunterstützenden und -ergänzenden Dienstleistungsangebot* erzielt werden.

Die Interessen und Bedürfnisse der Betroffenen sollen dabei Berücksichtigung finden und in den Hilfeprozess einfließen.

Nach dem KJHG sind die Jugendämter verpflichtet, bei längerfristigen Maßnahmen der Hilfe zur Erziehung einen *Hilfeplan* als Grundlage für die Ausgestaltung der Hilfe aufzustellen.

Hilfeplanung ist ein Prozess, in dem zielorientiert Unterstützungs- und Hilfemaßnahmen im Rahmen der beteiligten Fachkollegen und -kolleginnen und unter Beteiligung der/des Betroffenen erarbeitet, eingeleitet, begleitet und überprüft werden. Dieser Prozess sollte immer auf der Basis der „Analyse der institutionellen Arbeitsaufträge" und einer „Auftrags- und Kontextanalyse" geschehen (vgl. von Spiegel 2008, 179).

Auf Seiten der Klienten/Klientinnen

- Berücksichtigung der Beteiligungsrechte des Klienten/ der Klientin.
- Blick weg von Defiziten hin zu Ressourcen/Selbsthilfepotenzialen.
- Der Klient soll vom Objekt zum Subjekt des Hilfeprozesses werden.
- Erkennen individueller Copingstrategien (Coping = Bewältigungsstrategie).
- Erkennen sozialer Netze.

Auf Seiten der Mitarbeiter/innen

- Federführend ist die/der fallbearbeitende Kollegin/Kollege.
- Es finden regelmäßig Fallkonferenzen statt (Zusammenwirken der Fachkräfte).

- Der Prozess wird kontinuierlich dokumentiert.
- Integrierte Hilfeplanung, Koordination zwischen den verschiedenen am Hilfeprozess beteiligten Institutionen (Kooperation mit freien Trägern);
- Lebensweltbezogene Hilfen;
- Vernetzung der Hilfeangebote;
- Regelmäßige Fortschreibung des Hilfeplans und Evaluation des Prozesses.

Zwischen Mitarbeiterinnen/Mitarbeitern und Klienten/Klientinnen

- Gemeinsame klare, geteilte Problemdefinition und
- Einigung, welches/welche Problem/Probleme aufgegriffen werden soll/sollen
- Gemeinsame Zielvereinbarung
- Gemeinsames Arbeitsbündnis
- Gemeinsame Evaluation

Die weiteren Ausführungen zur Einzelhilfe werden an einem *Fallbeispiel* erläutert.

Fallbeispiel Familie Berger: Die Gesamtschule Riederberg ruft bei der zuständigen Sozialarbeiterin des ASD (Allgemeiner Sozialdienst des Jugendamtes) an und teilt mit, dass der 12-jährige Sven seit Monaten die Schule schwänzt, und zwar immer häufiger. Versuche, mit der alleinerziehenden Mutter Kontakt herzustellen, sind bisher gescheitert. Sie reagiert weder auf Anrufe noch auf entsprechende Briefe. Die Lehrerin bittet die Mitarbeiterin des Jugendamtes, sich um die Angelegenheit zu kümmern. Die zuständige Sozialarbeiterin heißt Frau Hansen.

3.3.2 Phasen des Unterstützungsprozesses

Erster Schritt: Aktivierende Anamnese

Bevor in einem Einzelfall über Interventionen nachgedacht wird, sollte sich die Fachkraft ein Bild über Zusammenhänge, Hintergründe und Entwicklungen machen, um den Fall zu verstehen. Müller spricht in diesem Zusammenhang von multiperspektivischer Fallarbeit, in der unterschiedliche Sichtweisen und Ebenen des Falls betrachtet werden (vgl. Müller, B. 2008).

Im Unterschied zu einer eher passiven Rolle von Patienten bei einer medizinischen Anamnese wird der Klient bei einer sozialpädagogischen Anamnese aktiv beteiligt im Sinne einer *aktivierenden Anamnese bzw. eines Assessments*. Es geht dabei immer um eine ganzheitliche/multidimensionale Klärung der Lebenssituation.

Ziel der aktivierenden Anamnese:

- Gewinnen von Informationen, Daten und Eindrücken zur Person, zu den vorhandenen Ressourcen sowie Kompetenzen und zur Erkennung von „Fehlentwicklungen" und Problemen;
- Bedarfsanalyse, Beschreibung der (psychosozialen) Notlage oder Konfliktsituation;
- Netzwerke des/der Betroffenen und sein/ihr soziales Umfeld;
- Lebensperspektive;
- Bild über Selbsteinschätzung des /der Klienten/Klientin;
- Einschätzung der Fachkraft;
- Klärung des Anliegens und der Erwartungen an die Fachkraft.

Multiperspektive einzunehmen bedeutet zu reflektieren, wie sich das Problem auf welcher Ebene darstellt.

Müller weist darauf hin, dass es wichtig ist, „unterschiedliche Sichtweisen und Ebenen des Falls nebeneinanderzustellen" (Müller 2008, 112) und sich zu fragen: Was IST das Problem? Oder wer HAT welches Problem? Was ist für die Betroffenen das Problem?
Wo sehe ich als Fachkraft das Problem?
Wo sieht ggf. eine andere am Fall beteiligte Instanz das Problem? (vgl. Müller 2008, 116 f.)

Anamnese ist immer vorläufig („Momentaufnahme") und muss immer wiederholt werden, wenn neue Informationen vorliegen.

Herriger hat den biografischen Dialog entwickelt, der das Ziel verfolgt, die „*Selbstaufklärung*" des Klienten zu unterstützen und auch bereits Interventionen vorzubereiten und abschließend auszuwerten. Für die Anamnesephase sind insbesondere die ersten beiden Schritte übertragbar.

Der Vollständigkeit halber werden hier alle sechs Schritte wiedergegeben; diese sind nicht in einer chronologischen Reihenfolge „abzuarbeiten", sondern befinden sich in einem ständigen Kreislauf.

Sechs-Schritte-Modell nach Herriger für den biografischen Dialog:

1. Verstehen des *Selbstkonzeptes* und des sozialen Netzwerkes des Klienten
2. Thematisierung zentraler *Lebensthemen*
3. *Problematisierung festgefügter Kognitionen*: Der Klient wird ermutigt, seine festgefahrene Haltung („da kann man eh nichts ändern") zugunsten einer neuen Einstellung, dass er Einfluss auf die Gestaltung seines Lebens hat, zu verändern („Leben ist gestaltbar") und er wird ermutigt, sich einzumischen (Ende einer passiven Haltung hin zur Eigenaktivierung)
4. Unterstützung des Klienten bei Unsicherheit/Angst und Ermutigung zur *Selbstorganisation*
5. Gemeinsame *strategische Planung* ⇨ kleine Schritte in die Selbstständigkeit, Sicherstellung von Erfolgserlebnissen
6. *Auswertung*/Reflexion des Prozesses ⇨ Übertragung auf andere Lebensbereiche (vgl. Herriger 1995).

Frau Hansen beschließt zunächst einen Hausbesuch bei Frau Berger, den sie vorher per Brief ankündigt. Sie hat Glück, Frau Hansen ist anwesend und lässt sie – wenn auch zögerlich – in ihre Wohnung. Frau Hansen registriert einen ziemlich desolaten Zustand in der Wohnung: viel Unordnung, ungewaschenes Geschirr, zum Teil mit Essensresten, Kleidungsstücke liegen überall herum. Sie nimmt auf dem angebotenen Sofa Platz und registriert, dass die Tür zu einem Zimmer schnell geschlossen wird. Ein kurzer Blick lässt sie vermuten, dass dies das Zimmer des Sohnes ist, der an diesem Vormittag wohl anwesend ist und wieder die Schule schwänzt.

Es gelingt Frau Hansen aufgrund ihrer vorsichtigen, einfühlsamen und nicht ausfragenden oder kontrollierenden Art, Frau Berger zum Sprechen über die Situation zu bewegen. Sehr schnell wird deutlich, dass Frau Berger mit der Situation überfordert ist. Ihr Sohn hört nicht mehr auf sie, seit der Ehemann vor sechs Monaten ausgezogen ist und auch den Kontakt zum Sohn abgebrochen hat. Sven gebe ihr die Schuld am Auszug des Vaters, so Frau Berger. Sie selbst habe die Trennung auch nicht überwunden, fühle sich nutzlos, weiß nicht, wie es weitergehen soll. Die Miete sei auch seit zwei Monaten nicht bezahlt, Unterhaltszahlungen gehen nicht ein; kochen mag sie auch nicht mehr und dass Sven nicht in die Schule gehe, wisse sie zwar, aber da kann sie auch nichts machen, er ließe sich nichts sagen von ihr. Daran sei nichts zu ändern, meint sie resigniert. Er sitze den ganzen Tag vor dem PC oder Fernseher und gehe auch nicht raus. Frau Berger beginnt zu weinen.

Frau Hansen fragt vorsichtig nach, wie es vor der Trennung war, und erfährt, dass Sven ein ganz guter Schüler war, zugänglich und freundlich.

Frau Berger hat kaum Kontakte im Stadtteil, ihre Familie wohnt im Nachbarort, zu ihr hatte sie früher regen Kontakt, aber das ist ihr jetzt alles zu viel, sie wimmele Besuchswünsche immer ab.

Frau Berger und Frau Hansen gehen mit der Vereinbarung auseinander, dass sie in einer Woche nochmals zusammen sprechen und zu diesem Gespräch auch Sven hinzugezogen werden soll.

Bezogen auf den Fall Familie Berger ergibt sich folgendes Bild:

- Die Mutter hat ein grundsätzliches Problem der Neuorientierung in ihrem Leben nach der Trennung von ihrem Mann.
- Sven hat, so ergibt das Folgegespräch, das Problem, dass er seinen Vater sehr vermisst und keinen Antrieb mehr hat, seinen Alltag wie bisher weiterzuführen.
- Die Familie hat außerdem finanzielle Probleme, es droht eine Wohnungskündigung wegen Mietschulden.
- Die Schule sieht ausschließlich das Problem des Schuleschwänzens.
- Die Netzwerke der Familie Berger sind zurzeit nicht aktiviert; weder die familialen noch die im Stadtteil existierenden.

Zweiter Schritt: Sozialpädagogische Diagnose

Aus diesen dem Fallverstehen dienenden Informationen entsteht eine *erste Einschätzung* über Hintergründe und Ursachen. Müller macht deutlich, dass es bei einer sozialpädagogischen Diagnose nicht um eine psychologische Expertendiagnose oder um die Suche nach einfach behebbaren Defiziten gehen kann, sondern um die Klärung der Frage, „was für wen ein Problem ist“ (vgl. Müller, B. 2008, 138), und wie auch der Klient selbst die Problemdefinition sieht. Diese Herangehensweise, die eine „Selbstdiagnose" des Klienten impliziert, kann helfen, die komplexen Lebenssituationen besser zu erfassen. Dies hat Gültigkeit nicht nur für die Fachkraft, sondern auch für den Klienten selbst.

Die sozialpädagogische Diagnose klärt auch, wer welchen Auftrag in einem bestimmten Fall hat oder haben kann und welche Instanzen ggf. zu beteiligen sind (Müller 2008, 138).

Sozialpädagogische Diagnose bedeutet dabei auch immer die Bildung von Arbeitshypothesen:

- Was sind die zentralen Problemfelder? Aus welcher Perspektive?
- Wo liegt der Hilfebedarf?
- Was hat Priorität?
- Welchen Auftrag erteilt mir der Klient/die Klientin?
- Wie kann es zu einem Kontrakt kommen?

Bezogen auf den Fall von Familie Berger ergeben sich folgende Fragen/Hypothesen:

1. Es könnte sich um einen Fall der Hilfe zur Erziehung handeln. Frau Berger benötigt ggf. Unterstützung in der Erziehung ihres Sohnes. Es könnte aber auch eine Beratung der materiellen Lebensgrundlagen bedeuten: Unterhaltssicherung usw. Welche Probleme sind vordringlich? Wohnungssicherung? Unterhalt? Schuleschwänzen? Welche gesetzlichen Grundlagen hierzu liegen vor? Was ist Auftrag der sozialen Fachkraft in diesen Punkten?
2. Klienten sind der Sohn und die Mutter. Wie kann eine Beziehung zu beiden aufgebaut werden? Wird der Sohn für eine Mitarbeit zu gewinnen sein?
3. Welche Instanzen können einbezogen werden: Die Frage, wie Frau Berger aus ihrer depressiven Stimmung herauskommen kann, könnte dazu führen, dass ggf. eine psychosoziale Beratungsstelle beteiligt wird. Fokussiert der Sozialarbeiter/die Sozialarbeiterin mehr auf die Erziehungsfähigkeit der Mutter, liegt eine Beteiligung der Erziehungsberatung nahe, sofern die Mutter dies akzeptiert. Wie wird die Schule einbezogen? Gibt es noch andere Instanzen, die beteiligt werden sollen? Was kann Frau Berger oder ihr Sohn aus eigener Kraft leisten? Wie können ihre Netzwerke aktiviert und beteiligt werden?

Dritter Schritt: Festlegung der Hilfeerfordernisse

Zusammenfassend sollen die folgenden Fragen aus der sozialpädagogischen Diagnose beantwortet werden:

- Welche Bereiche sollen im Hilfeprozess aufgegriffen werden?
- Wer ist wofür zuständig?
- Was liegt in meinem Aufgabenbereich?
- Welche Aufträge des Klienten kann ich annehmen, welche muss ich zurückweisen?
- Wen muss ich einbeziehen?
- Wer kann welche Unterstützung leisten?

Nach einem weiteren Gespräch mit Frau Berger und ihrem Sohn beschließen sie gemeinsam, zunächst die Sicherung der Wohnung und des Unterhalts bzw. der materiellen Lebensgrundlage der Familie in den Vordergrund zu stellen. Frau Hansen ermutigt Frau Berger, hier selbstständig ihre Rechte wahrzunehmen, bietet aber ihre Unterstützung an, falls es Konflikte geben sollte. Sie stellt außerdem einen Kontakt zu einer Selbsthilfegruppe alleinerziehender Mütter im Stadtteil her. Frau Berger freut sich auf diesen Austausch mit anderen Frauen.

Das Schuleschwänzen von Sven ist ein nächster Schritt, den Frau Berger anpacken will. Sie wird gemeinsam mit Frau Hansen die Klassenlehrerin aufsuchen. Sven hatte im Gespräch deutlich gemacht, dass er den Anschluss verloren hat und sich nicht mehr traut, in die Schule zu gehen. Frau Berger möchte ihre Schwester im Nachbarort um Hilfe bitten, sie hatte immer einen ganz guten Draht zu Sven. Die Einschätzung von Frau Berger, ihr gelinge sowieso nichts mehr, alles sei sinnlos, beginnt aufzuweichen. Sie fasst mit Unterstützung von Frau Hansen wieder Mut, dass sie ihr Leben „auf die Reihe" bekommt. Frau Hansen schlägt ein neues Gespräch in zwei Wochen vor, um zu sehen, ob die Familie weiterkommt. Andere Hilfen planen sie derzeit nicht.

Vierter Schritt: Festlegung von Zielen

Bei der Zielfestlegung geht es darum, die weiter vorne allgemein formulierten Ziele jedes Unterstützungsprozesses auf den konkreten Fall zu übertragen:

- Beseitigung bzw. Minderung psychosozialer Notlagen,
- Förderung der Selbstständigkeit: Hilfe zur Selbsthilfe/Empowerment,
- gelingendes Leben und selbstständige Lebensführung,
- Auf- und Ausbau sozialer Netzwerke unter Nutzung der Ressourcen der Klienten und des Sozialraums,
- Definition von Zielen: realistisch, konkret und überprüfbar.

Frau Hansen und Frau Berger haben sich auf folgende gemeinsame *Ziele* geeinigt:

- Sicherung der materiellen Lebensgrundlage,
- Aktivierung von Familie und Netzwerk im Sozialraum,
- Kontakt zur Schule,
- Unterstützung von Sven, den Schulbesuch wieder aufzunehmen.

Fünfter Schritt: Aufstellung eines Hilfeplans

- Hilfeplankonferenz
- Aktive Beteiligung der Betroffenen
- bei Beteiligung anderer Institutionen: Fallkonferenzen
- Vereinbarung von Unterstützungssystemen

Sechster Schritt: Planung und Einleitung der Hilfemassnahmen auf den verschiedenen Interventionsebenen

- Materielle Hilfen
- Instrumentelle Hilfen
- Psychosoziale Hilfen
- Auf- und Ausbau sozialer Netze
- Kooperation mit anderen Institutionen

Grundsätze dabei:

- Aktivierung möglicher Selbsthilfe/Empowerment
- Eingreifende Maßnahmen möglichst vermeiden
- Ambulante vor stationären Hilfen

Siebter Schritt: Evaluation

- Überprüfung der Wirksamkeit der Hilfe und ggf. Neuorientierung
- Selbst- und Fremdevaluation
- Was wurde erreicht?

- Was wurde warum nicht erreicht?
- Welche neuen Wege sollten gegangen werden?

Reflexionsfragen

- Welche verschiedenen Perspektiven eröffnet der Fall der Familie Berger? Welche Institutionen könnten in dem Fall eine Rolle spielen?
- Welche unterschiedlichen Anforderungen werden von den Beteiligten an den Fall gestellt?
- Was bedeutet in diesem Fall die Ressourcenorientierung und Netzwerkpflege?

Weiterführende Literatur

Müller, Burkhard (2008b): Alltagsnahe Diagnose und der „Allgemeine Soziale Dienst" (ASD), 41 ff. in: Grunwald, Klaus/Thiersch, Hans (Hrsg.): Praxis Lebensweltorientierter Sozialer Arbeit

Müller, Burkhard (2006): Sozialpädagogische Diagnose, in: Galuske, Michael/ Thole, Werner, S. 83 ff.

Harnach, Viola (2007): Psychosoziale Diagnostik in der Jugendhilfe

Von Spiegel, Hiltrud (2008): Methodisches Handeln in der Sozialen Arbeit, S. 179 ff.

Seithe, Mechthild (2001): Praxisfeld: Hilfe zur Erziehung

3.4 Leistungsangebote und Eingriffe in der Einzelhilfe

Man unterscheidet in der Einzelhilfe zwischen Leistungsangeboten und Eingriff. Unter *Leistungsangebot* wird ein Beratungs- und Unterstützungsangebot verstanden, an deren Umsetzung die Klienten/die Familie sich freiwillig und aktiv beteiligen, wie z.B. Sozialpädagogische Familienhilfe (SPF) und andere Maßnahmen der Hilfe zur Erziehung. Teilweise werden solche Leistungen auch von den Betroffenen selbst „eingefordert".

Als *Eingriff* wird ein Handeln in einer Krisenintervention verstanden, in der eine Akutgefährdung (Selbst- und Fremdgefährdung) besteht. Die Fachkraft handelt gegen den Willen des/der Betroffenen (z.B. Herausnahme eines Kindes ohne Zustimmung der Sorgeberechtigten oder Veranlassung einer Sorgerechtsentscheidung durch das Familiengericht gegen den Willen der Eltern, Einweisung in eine psychiatrische Klinik).

Ziel bei diesen Eingriffen ist die Wahrnehmung des *staatlichen Wächteramtes* und der *Garantenstellung* für die minderjährigen Kinder und Jugendlichen zur Sicherung ihres Lebens und ihrer körperlichen Unversehrtheit, der Schutz der Allgemeinheit vor Gefährdung oder der Schutz vor Selbstgefährdung (z.B. bei Suizidalität).

Müller benennt klare an *strengen Kriterien* zu messende Regeln für die Legitimierung von Eingriffshandeln. Dies soll außerdem immer möglichst klein gehalten werden mit dem Ziel, den Machtgebrauch zugunsten gemeinsamer Handlungen zwischen Klient und Fachkraft zu reduzieren (vgl. Müller, B. 2008, 144 ff.).

So dürfen Eingriffe „vorhandenes Potenzial der Selbstbestimmung nicht zerstören. Erniedrigende Eingriffe sind deshalb ebenso illegitim wie alle Versuche, mit Gewaltmitteln Menschen zu bessern oder glücklicher machen zu wollen" (Müller, B. 2008, 148).

Angemessen sind Eingriffe, die der „Abwehr unmittelbar drohender Gefahren", der „Verteidigung von Rechten" oder der „Erhaltung und Herstellung von Schonräumen und Entlastungen" (ebd.) oder der Deeskalation dienen.

Insofern bedürfen Eingriffe mit Machtgebrauch immer einer anschließenden Selbstreflexion und Abklärung, wie die Situation im Weiteren in Richtung gemeinsames Handeln entspannt werden kann.

3.4.1 Der Hausbesuch

In den Anfängen professioneller Einzelhilfe spielte der Hausbesuch bei den Klienten/Klientinnen Sozialer Arbeit eine zentrale Rolle. Diese Form aufsuchender Hilfe im direkten Wohnumfeld der Betroffenen ist bis heute ein wichtiges Element der Einzelhilfe, allerdings werden die Vor- und Nachteile im Einzelfall kritisch abgeschätzt, und es existieren unterschiedliche Haltungen zu Sinn und Notwendigkeit von Hausbesuchen in der Sozialen Arbeit.

Argumente pro Hausbesuch (vgl. Neuffer 2007, 184)

- Herstellung von Nähe
- Abbau von Schwellenangst und Scheu
- niedrigschwelliges Angebot
- keine Störung der Gespräche durch behördliches Umfeld
- keine langen Anfahrtswege für die Klienten und Klientinnen

- Zeitpunkt kann nach Arbeitszeiten der Betroffenen gewählt werden und ermöglicht Einbezug der Väter
- Kinder fühlen sich zuhause wohler, benehmen sich natürlicher
- soziale Fachkraft erhält „Gespür" für die Familiensituation
- Kontakt zum Stadtteil entsteht und ASD-Fachkräfte zeigen Präsenz
- Unmittelbare Kenntnis des Lebensalltags des Klienten/der Klientin

Argumente contra Hausbesuch (vgl. Neuffer 2007, 184)

- Gefahr der Kolonialisierung der privaten Sphäre des Klientels
- unzulässiger Eingriff in die Intimsphäre einer Familie/eines Klienten
- Überrumpelung der Familie verhindert häufig Kooperation und freiwillige Mitarbeit
- wird als Kontrolle erlebt
- Beratung im Amt unterstreicht Verantwortlichkeit der Eltern für die Erziehung ihrer Kinder

Zu unterscheiden sind zwei Formen von Hausbesuchen:

1. Allgemeine Hausbesuche in der Jugendhilfe

Anlass: Vorliegen einer Problemlage gekoppelt mit der Vermutung eines „Fehlverhaltens" (§ 16,17 und 18, 50 KJHG) oder „Ermittlungsarbeit".

Beispiele: strittige Sorgerechtsregelungen, Motivationsarbeit für andere Maßnahmen (Hilfe zur Erziehung, Entzug elterlicher Sorge etc.), Adoptionsanträge, Begutachtung von Pflegestellen, Informationen über Auffälligkeiten, die seitens anderer Institutionen gemeldet wurden, Prüfungen der Voraussetzungen z.B. für SPF.

Die Klärung dieser Anliegen ist sicherlich auch in der Behörde, im Büro des Sozialarbeiters/der Sozialarbeiterin möglich. Allerdings kommen Klienten einer Aufforderung zu einem Termin oft nicht nach oder die Fachkraft möchte sich auch ein Bild über die Lebensumstände vor Ort im unmittelbaren Lebensraum des Klienten machen.

Die Reaktion der Klienten und Klientinnen auf Hausbesuche aus diesem Anlass ist häufig gekennzeichnet durch Ablehnung, Aggression oder Widerstand. In diesen Fällen hat die weiter oben beschriebene

Form des Erstgespräches eine zentrale Bedeutung. Gelingt es, den Betroffenen Unterstützung, Beratung und Hilfe im Sinne präventiver, begleitend-beratender oder restabilisierender Maßnahmen anzubieten und mit ihnen ein entsprechendes Arbeitsbündnis einzugehen, kann es zu konstruktiver Zusammenarbeit zwischen Klient und Fachkraft kommen.

2. Hausbesuche bei Verdacht auf Kindeswohlgefährdung – Grenzen zu 1 fliessend

Ein wichtiger Anlass zu Hausbesuchen und typische Fälle in der Einzelhilfe sind die Überprüfung des Verdachtes auf Kindeswohlgefährdung, Vernachlässigung oder Verwahrlosung.

Diese Art von Hausbesuchen stellt in der Regel eine *Krisenintervention* dar, bei der nicht darauf gewartet werden kann, ob der Klient zu einem Arbeitsbündnis bereit ist, auch wenn es langfristig darum gehen muss, ein solches herzustellen.

3.4.2 Kindeswohlgefährdung als Aufgabengebiet der Einzelhilfe

Häufig über *Fremdmelder* wird auf Gefährdungssituationen hingewiesen. Auch wenn diese Meldungen anonym sein sollten, muss die soziale Fachkraft Verdachtsmomenten nachgehen. Das Jugendamt hat hier die Aufgabe, die Garantenstellung für das Kindeswohl wahrzunehmen („staatliches Wächteramt") und Gefährdungssituationen abzuwehren. Insgesamt ist jedoch zu betonen, dass solche Fälle nicht den Alltag der Mitarbeiterinnen und Mitarbeiter im Jugendamt ausmachen, auch wenn in der Presse immer wieder von sehr tragischen Fällen berichtet wird.

In diesen Fällen hat die Fachkraft die Aufgabe, den Verdacht zu überprüfen, also auch zu ermitteln, und beim Vorliegen einer Gefährdung einzuschätzen, wie weitreichend diese ist und ob ggf. unmittelbar zu handeln ist, indem die betroffenen Kinder in Obhut genommen werden. Das Handeln der Fachkraft findet dabei immer im *Spannungsfeld von Elternrecht und Recht des Kindes* auf Schutz statt.

Viele Jugendämter nutzen interne Verfahrensanordnungen oder „*Handlungsempfehlungen*" für die Fachkräfte, die die Anforderungen an den Prozessverlauf festlegen (vgl. Merchel 2007, 11 f.) und häufig auch als Dienstanweisungen zu verstehen sind.

Solche *Leitorientierungen* müssen jedoch eingebettet sein in eine entsprechende Organisationskultur (vgl. Merchel 2007), um die „Kunst des Helfens" auf der individuellen Ebene durch adäquate organisationelle Bedingungen zu stützen.

Wichtiger Bestandteil solcher Handlungsempfehlungen ist die *fachliche kollegiale Beratung* (vgl. Kapitel 7.2) und die Einbeziehung der Jugendamtsleitung in solche Fälle sowie die Anregung, Hausbesuche zu zweit – am besten eine Kollegin und ein Kollege (Genderteam) durchzuführen. Bei Bedarf wird die Kooperation mit Polizei und Familienrichtern empfohlen.

Verhalten bei unmittelbaren Gefährdungssituationen

- Direktes Aufsuchen der Familie – immer zu zweit
- Bei Nichtöffnen Tür durch Schlüsseldienst oder Feuerwehr öffnen lassen (Grundsatz der Verhältnismäßigkeit beachten)
- Ggf. Hinzuziehung der Polizei
- Inobhutnahme der Kinder/des Kindes bei „Gefahr im Verzug"
- Bei Widerspruch der Eltern – Anrufung des Familiengerichtes

In vielen Fällen kommt es zu einer freiwilligen *Mitwirkung der Eltern*, aggressives Verhalten ist nicht die Regel, viele Eltern erleben Erleichterung, aus dem Kreislauf des erzieherischen Unvermögens herauszukommen.

Ziel: kurzfristig: *Schutz- und Schonraum* für und Versorgung der Kinder, Zeit und Ruhe verschaffen, *Deeskalation* bewirken, die schützende Funktion herausstellen, langfristig: Abwehr einer geistigen, seelischen oder körperlichen Kindeswohlgefährdung.

Gibt es eine objektiv definierbare Eingriffsschwelle?

Für viele Fachkräfte stellt sich die Frage, ob man anhand bestimmter Kriterien festmachen kann, dass interveniert werden muss. Nach Schrapper ist das Spezifische in der Sozialen Arbeit, dass sozialpädagogische Entscheidungen immer *Suchbewegungen* mit einer hohen Irrtumswahrscheinlichkeit darstellen. Familiäre Probleme weisen in der Regel einen multifaktoriellen Verursachungszusammenhang und Kontext auf, Ursachen und Wirkungen lassen sich nicht eindeutig zuordnen. Diese Mehrdeutigkeit von Verhältnissen bedingt, dass es keine Eindeutigkeit für bestimmte Lösungen bei bestimmten Problemen geben kann.

Ein starres Handlungsmuster nach dem Motto „wenn – dann" ist deshalb nicht möglich.

Unter Zuhilfenahme *professioneller Regeln* und der Einbeziehung diskursiver Aushandlungsprozesse unter Fachkollegen/-kolleginnen muss deshalb für jeden Einzelfall eine *individuelle Lösung* gesucht und im Prozess immer wieder hinterfragt und ggf. modifiziert werden.

Fazit: Es gibt keine objektivierbaren allgemeingültigen Maßstäbe für eine Gefährdungsschwelle, deshalb müssen die Fachkräfte in *reflexiven Verfahren* die Einschätzungen und Prognosen ihrer Kollegen und Kolleginnen intersubjektiv nachvollziehen können. Schone sagt dazu: „Eine qualifizierte kollegiale Beratung wird damit zur Ideallinie sozialpädagogischer Entscheidungsprozesse, die kaum überschritten werden kann und die nicht unterschritten werden darf" (Schone 2000, 12). Diese soll zu einer gemeinsamen Teamentscheidung über die Form der Intervention führen.

Zur Orientierung für die Fachkräfte wurden sog. *Indikatorenmodelle* entwickelt, die „objektiv erkennbare Sachverhalte" beschreiben und die Funktion eines „Anzeigers" beziehungsweise „Hinweisgebers" erfüllen (Schiefer 2007, 24). Diese können bei der Fallberatung und der Dokumentation des Fallverlaufes eine wichtige Unterstützung geben und zur Systematisierung beitragen; sie ersetzen jedoch nicht die *individuelle Einschätzung* der Fachkraft.

> „Definierte Gefährdungsindikatoren fordern eine differenzierte Wahrnehmung von Lebenssituationen heraus und dienen dazu, die Genauigkeit von Beobachtungen zu schärfen und dadurch eine höhere Verlässlichkeit von individuellen Einschätzungen zu ermöglichen" (Schiefer 2007, 25).

Daten zur Grundversorgung des Kindes, zur häuslichen Situation, zur physischen und psychischen Situation des Kindes und seinem Erscheinungsbild werden dabei ebenso erhoben wie Daten zum Verhalten der Eltern und deren Erziehungskompetenz, zu besonderen Lebensumständen (z.B. Drogenmissbrauch) und anderes mehr (vgl. Schiefer 2007, 28).

Reflexionsfragen

- Worin liegt die besondere Brisanz von Hausbesuchen?
- Welche Standards sollten Fachkräfte bei akuter Kindeswohlgefährdung beachten?

Weiterführende Literatur

Jordan, Erwin (Hrsg.) (2007): Kindeswohlgefährdung

Kindler, Heinz u.a. (Hrsg.): Kindeswohlgefährdung nach § 1666 BGB und Allgemeiner Sozialer Dienst (ASD), ein vom Bundesministerium für Familie, Senioren, Frauen und Jugend gefördertes Projekt mit umfangreichen Materialien und Prüfbögen, alles als pdf herunterladbar

Neuffer, Manfred (2007): Der Hausbesuch, In: Case Management, S. 182 ff.

Ziegenhain, Ute/Fegert, Jörg M. (2008): Kindeswohlgefährdung und Vernachlässigung

3.5 Sozialpädagogische und psychosoziale Beratungsansätze in der Sozialen Arbeit

Einführung

Beratungskonzepte und Beratungsdefinitionen sind sehr vielfältig und – je nach Referenztheorien – sehr unterschiedlich. In der wissenschaftlichen Diskussion wird unterschieden zwischen:

- psychologischer Beratung
- sozialer und sozialpädagogischer Beratung
- psychosozialer Beratung (vgl. Sickendiek u.a. 2008, 13 ff.)

Im Folgenden werden drei in der Sozialen Arbeit häufig verwendete Beratungsansätze und die damit verbundenen Methoden vorgestellt. Alle drei stimmen überein in ihrem Verständnis, dass Beratung der Selbstexploration und Selbsterkenntnis des Klienten dienen soll, auf der Basis von *Ressourcenaktivierung* und *Empowerment*, und dass Beratung die Wechselwirkung zwischen Individuum und Gesellschaft im Blick haben muss. Die sozialpädagogische Beratung betont darüber hinaus den *Lebensweltbezug* und hat damit eine für die Soziale Arbeit eigenständige Prägung geleistet, die vor allem auch die im Gemeinwesen existierenden Ressourcen in den Blick nimmt.

Die psychosoziale Beratung schließt an diesem Verständnis an.

> „Psychosozial impliziert ein Menschen- und Gesellschaftsbild, das psychische und soziale Befindlichkeiten in Verbindung zu sozialen Lebens- und Umweltbedingungen setzt. Die gesellschaftlichen Ansprüche, Normen und Werte werden in ihrem Zusammenhang mit persönlichen Bedürfnissen, Motivationslagen und Handlungsweisen betrachtet" (Sickendiek 2008, 19).

Das Konzept nach Rogers bietet – auch für die lebensweltorientierte und die psychosoziale Beratung und die Arbeit mit Familien und Gruppen – eine gute Grundlage für die *Haltung des Beraters/der Beraterin* (im Sinne der Anbahnung einer vertrauensvollen Beziehung) und zeigt zentrale Techniken der Gesprächsführung auf. Die klientenzentrierte Gesprächsführung ist ein in der Sozialen Arbeit häufig praktizierter Ansatz – in verschiedenen Modifikationen – und wird deshalb hier ausführlicher dargestellt.

Soziale Beratung und das Konzept der Lebensweltorientierung fokussieren auf die besonderen Anforderungen in der Sozialen Arbeit und stellen m.E. insbesondere für Personengruppen im Kontext sozialer Ungleichheiten den adäquaten Rahmen her.

Psychosoziale Beratungsangebote haben stark zugenommen und sind ein wichtiges Arbeitsgebiet Sozialer Arbeit, in der die Kooperation mit anderen Disziplinen gleichberechtigt und unter Betonung der eigenständigen Sichtweise Sozialer Arbeit große Bedeutung gewinnt.

3.5.1 Das klientenorientierte Konzept

> „Was die kleine Momo konnte wie kein anderer, das war Zuhören. Momo konnte so zuhören, dass dumme Leute plötzlich auf sehr gescheite Gedanken kamen. Nicht etwa, weil sie etwas sagte oder fragte, was den anderen auf solche Gedanken brachte, nein, sie saß nur da und hörte einfach zu, mit aller Aufmerksamkeit und Anteilnahme. Sie konnte so zuhören, dass ratlose und unentschlossene Leute auf einmal genau wussten, was sie wollten. Oder dass Schüchterne sich plötzlich frei und mutig fühlten. Oder dass Unglückliche und Bedrückte zuversichtlich und froh wurden. Und wenn jemand meinte, sein Leben sei ganz verfehlt und bedeutungslos und er selbst nur irgendeiner unter Millionen, einer auf den es überhaupt nicht ankommt und

> der ebenso schnell ersetzt werden kann wie ein kaputter Topf – und er ging hin und erzählte alles das der kleinen Momo, dann wurde ihm, noch während er redete, auf geheimnisvolle Weise klar, dass er sich gründlich irrte, dass es ihn, genauso wie er war, unter allen Menschen nur ein einziges Mal gab und dass er deshalb auf besondere Weise für die Welt wichtig war. So konnte Momo zuhören“ (Ende, Michael 15 f.).

3.5.1.1 Entstehung und Zielsetzung

Rogers (1902-1987, Schüler des Psychoanalytikers Otto Rank) als Mitbegründer der Humanistischen Psychologie (dritte Kraft neben der Psychoanalyse und Verhaltenstherapie) entwickelte 1942 sein Konzept der *klientenzentrierten Gesprächsführung*.
Seine grundlegende Hypothese war:

> „Wirksame Beratung besteht aus einer eindeutig strukturierten, gewährenden Beziehung, die es dem Klienten ermöglicht, zu einem Verständnis seiner selbst in einem Ausmaß zu gelangen, das ihn befähigt, aufgrund dieser neuen Orientierung positive Schritte zu unternehmen“ (Rogers 1995, 28).

Rogers geht davon aus, dass der Mensch die Kraft in sich hat, sich konstruktiv zu entwickeln, dass der Drang zum Wachstum und zur Selbstverwirklichung in jedem Menschen angelegt ist. Es ist Aufgabe der Beratung, dieses Entwicklungspotenzial zu aktivieren.

Der Begriff *klientenzentriert* (früher: non-direktiv) will verdeutlichen: Dem Klienten werden keine Interpretationen, Ratschläge oder fertige Lösungen angeboten, sondern es geht um die Auseinandersetzung mit persönlichen, auch emotionalen Prozessen mit dem Ziel, ein verändertes Problemlöseverhalten zu entwickeln und die Selbstwahrnehmung zu erweitern.

> „Er (der Ansatz) zielt auf die größere Unabhängigkeit und Integration des Individuums ab, statt zu hoffen, dass sich diese Resultate ergeben, wenn der Berater bei der Lösung des Problems hilft. Das Individuum steht im Mittelpunkt der Betrachtung und nicht das Problem. Das Ziel ist es nicht, ein bestimmtes Problem zu lösen, sondern dem Individuum zu helfen, sich zu entwickeln, so dass es mit dem gegenwärtigen Problem und mit späteren

Problemen auf besser integrierte Weise fertig wird. Wenn es genügend Integration gewinnt, um ein Problem unabhängiger, verantwortlicher, weniger gestört und besser organisiert zu bewältigen, dann wird es auch neue Probleme auf diese Weise bewältigen“ (Rogers 1995, 36).

In diesem Verständnis spiegelt sich *Rogers' Menschenbild*: Er geht davon aus, dass das *Selbst* des Menschen das entscheidende regulatorische Prinzip ist, an dem sich das Verhalten orientiert und von dem es gegebenenfalls korrigiert wird. Wahrnehmungen, die in das Selbst(bild) passen, werden angenommen, andere, die das Selbst bedrohen, werden abgewehrt.

Dadurch kann es zu *Inkongruenz* kommen, wenn Selbstbild und Organismus nicht mehr miteinander übereinstimmen, „Inkongruenz ist die unter Umständen vorhandene Diskrepanz zwischen dem Erleben des Organismus und dem bewussten Selbstkonzept“ (Rogers 2004, 43).

Hier liegt für Rogers der Ansatzpunkt einer Beratung/Therapie, dem Klienten zu helfen, seine eigenen Gefühle und Wahrnehmungen zu klären und zu akzeptieren und so wieder eine *Kongruenz zwischen seinem Organismus und seinem Selbst* zu erreichen. Die oben genannte Grundprämisse, dass der Klient/die Klientin die Fähigkeit selbst besitzt, seine/ihre eigenen Potenziale für die Lösung seiner/ihrer Probleme zu mobilisieren, ist nun Gegenstand der Beratung/Therapie. Der/die Berater/Beraterin muss eine Atmosphäre schaffen, in dem dies dem Klienten möglich ist.

Das Selbstkonzept spielt in der Theorie von Rogers ebenfalls eine wichtige Rolle: Der Mensch nimmt die Realität als konstruierte/subjektive Wirklichkeit wahr. Es wird zur Aufgabe des Beraters, diese Wirklichkeitskonstruktion des Klienten zu verstehen.

Im Selbstkonzept vereint sich das Bild, das ein Mensch von sich hat. Es umfasst Erfahrungen, die er im Laufe seines Lebens gemacht hat (Wertvorstellungen im Elternhaus, der Umwelt etc.). Ist das Selbstkonzept im Einklang mit Erwartungen und Vorstellungen der Umwelt, ist die Person kongruent – im Einklang mit sich selbst. Es kommt zu Inkongruenz, wenn Konflikte zwischen Selbstkonzept, dem „Idealselbst“ und Erwartungen anderer entstehen.

In der Beratung sollen mit Hilfe der *Selbstexploration* bisher geleugnete Erfahrungen bewusst gemacht, in das Selbstkonzept integriert bzw. das Selbstbild reorganisiert werden.

Ziel der Beratung ist der Abbau der Inkongruenz, Erweiterung des Selbstkonzeptes, um Übereinstimmung zwischen Selbstkonzept und Erfahrungen herzustellen, Ängste und Spannungen abzubauen.

3.5.1.2 Anforderungen an den Berater/die Beraterin

Zur Realisierung dieses Ansatzes nennt Rogers drei Variablen, die der Berater/die Beraterin anstreben sollte, damit die Beratung erfolgreich sein kann (vgl. Rogers 2004, 22 ff.):

- Echtheit (Kongruenz),
- positive Wertschätzung und emotionale Wärme,
- einfühlendes Verstehen (Empathie).

Echtheit/Kongruenz

> *Alles was du sagst, sollte wahr sein. Aber nicht alles was wahr ist, solltest du auch sagen (Voltaire 1694-1778).*

Echtheit ist für Rogers die grundlegendste Bedingung/Haltung zum Klienten, der Berater soll im Prozess „er selbst" sein, ehrlich, offen. Dies führt dazu, dass auch der Klient offen und echt sein kann, seine Empfindungen und Probleme äußert, Vertrauen fasst und damit schrittweise lernt, mehr er selbst zu sein.

> „... eine Therapie ist mit größter Wahrscheinlichkeit dann erfolgreich, wenn der Therapeut in der Beziehung zu seinem Klienten er selbst ist, ohne sich hinter einer Fassade oder Maske zu verbergen. Der theoretische Ausdruck hierfür ist Kongruenz; er besagt, dass der Therapeut sich dessen, was er erlebt oder leibhaft empfindet, deutlich gewahr wird, und dass ihm diese Empfindungen verfügbar sind, so dass er sie dem Klienten mitzuteilen vermag, wenn es angemessen ist" (Rogers 2004, 30 f.).

Auf diese Weise ist der Berater für den Klienten echt, er versteckt sich nicht hinter seiner professionellen Maske, sondern ist er selbst. Damit ermöglicht er auch dem Klienten, er selbst zu sein, und es kann eine wichtige Vertrauensbasis geschaffen werden.

Positive Wertschätzung

„Eine Sehnsucht liegt in allen Menschen und Tieren nach dem Wissen um Sinn und Wert ihres Lebens. Um dieses Sehnen zu befriedigen, das uns innewohnt, müssen wir uns gegenseitig Achtung entgegenbringen" (Dan George, Salish, Indianische Weisheit).

Positive Wertschätzung meint, dass der Berater/die Beraterin die *Akzeptanz des Klienten* nicht an bestimmte Bedingungen knüpft, d. h., der Klient wird akzeptiert, unabhängig davon, was er sagt, wie er sich gibt und was er tut, mit all seinen Schwächen und Fehlern.

Positive Wertschätzung umfasst auch den emotionalen Bereich: Der Klient muss spüren, dass er als Person angenommen wird, deshalb genügt nicht *verstehendes Zuhören* und kognitive Zustimmung, sondern der Klient muss die *„innere Beteiligung"* auch emotional erfahren.

Warum ist positive Wertschätzung so wichtig? Akzeptanz ist für Rogers ein *Grundbedürfnis* jedes Menschen. Akzeptanz durch den Berater führt auch beim Klienten zu einer höheren Selbstachtung und Akzeptanz der eigenen Person und stellt die Basis dar für konstruktive Persönlichkeitsentwicklung, während eine pessimistische Selbsteinschätzung eher mit psychischen Störungen korreliert.

Einfühlendes Verstehen

„Großer Geist, bewahre mich davor, über einen Menschen zu urteilen, ehe ich nicht eine Meile in seinen Mokassins gegangen bin" (Spruch eines unbekannten Apachen).

Grundbedingung jedes Gesprächs ist nach Rogers *richtiges Zuhören, konzentriertes, verstehendes Zuhören.*

Der Berater muss versuchen, sich in das Erleben des anderen einzufühlen, Gefühle und Empfindungen des Klienten von dessen Bezugssystem her – wie er es wahrnimmt – zu verstehen und dem Klienten das Verstandene möglichst präzise und konkret mitzuteilen. „Der Therapeut versucht, in die Haut des Klienten zu schlüpfen, er taucht ein in die Welt komplexer Sinngehalte, die der Klient ausdrückt" (Rogers 2004, 24).

Dabei werden nicht nur die Emotionen aufgegriffen, die der Klient selbst explizit äußert, sondern auch die „nebelige Zone am Rande der Gewahrwerdung“ (Rogers 2004, 24).

Einfühlendes Verstehen soll dem Klienten ermöglichen, seine eigenen Empfindungen aus der Distanz wahrzunehmen – quasi in einem Spiegel durch den Berater. Die entsprechende Methode wird auch als „*aktives Zuhören*“ in der Fachdiskussion bezeichnet. Rogers versteht sein Konzept jedoch nicht als eine Technik der Gesprächsführung, sondern als eine Grundhaltung und -einstellung.

Gleichwohl finden sich in der Praxis eine Reihe von Angeboten, die Umsetzung der Grundvariablen zu erlernen und zu üben.

In den hier kurz skizzierten Grundlagen stecken die wesentlichen *Adaptionsmomente für ein Beratungskonzept in der Sozialen Arbeit*:

- Klare Struktur des Prozesses
- Gewährende Grundhaltung/Akzeptanz/Echtheit
- Berater/Beraterin muss das Problem aus der *Perspektive des Klienten* verstehen
- Beratung ohne Ratschlag, Klient findet Lösung selbst, Lösungskapazität wird mobilisiert > Unterstützung der Exploration des Klienten
- Nicht *am* Problem, sondern *mit* der Person arbeiten
- Verantwortlichkeit für den Prozess liegt beim Klienten
- Ressourcenorientierung
- Beratung in Richtung einer positiven Entwicklung
- Unabhängigkeit vom Berater/von der Beraterin herstellen

Reflexionsfrage

- Wodurch zeichnet sich der Ansatz der Gesprächsführung nach Rogers aus?

Weiterführende Literatur

Rogers, Carl (1995): Die nicht-direkte Beratung

Seithe, Mechthild (2008): Engaging: Möglichkeit klientenzentrierter Beratung in der Sozialen Arbeit

Weinberger, Sabine (2006): Klientenzentrierte Gesprächsführung. Eine Lern- und Praxisanleitung für helfende Berufe

3.5.1.3 Weiterentwicklung

Die klientenzentrierte Gesprächsführung ist ursprünglich als Methode der psychosozialen und psychotherapeutischen Arbeit entstanden und wurde dann von der Sozialen Arbeit adaptiert.

Da es sich in der Sozialen Arbeit vor allem um so genannte *Multiproblemfamilien* handelt, bei denen sich *objektive Belastungen und* (*materielle*) *Notlagen* (z.B. Arbeitslosigkeit, Überschuldung, Armut, gesundheitliche Beeinträchtigungen, Behinderungen) und mangelnde psychosoziale Verarbeitungskompetenzen wechselseitig bedingen, fordert Mrochen eine Erweiterung der klassischen klientenzentrierten Gesprächsführung um Interventionskompetenz und sozialpolitische Kompetenz.

Damit ergeben sich drei Kompetenzbereiche:

- *Beratungskompetenz* (im Sinne der oben entwickelten klientenzentrierten Gesprächsführung)
- *Interventionskompetenz* verstanden als den Aufbau von Handlungsstrategien zur Entwicklung alternativer Bewältigungsstrategien
- *Sozialpolitische Kompetenz* meint das Wissen um die materiellen Bedingungen der Hilfebedürftigkeit, der *sozialpolitischen Rahmendaten* und der Mechanismen der *sozialen Ausgrenzung*. D.h., die „Probleme des Klienten dürfen nicht auf Probleme seiner subjektiven Wahrnehmung reduziert werden" (Mrochen, 76). Sozialpolitische Kompetenz meint in diesem Kontext auch, dass der notwendige materielle und sozialräumliche Bedarf bereitgestellt wird.

Im folgenden Ansatz der sozialen Beratung werden diese Anforderungen an ein erweitertes Verständnis der Beratungsarbeit in Arbeitsfeldern der Sozialen Arbeit aufgegriffen und mit dem Konzept der Lebensweltorientierung verbunden.

3.5.2 Soziale Beratung und das Konzept der Lebensweltorientierung

> *„Wenn es ein Geheimnis des Erfolges gibt, so ist es das, den Standpunkt des anderen zu verstehen und die Dinge mit seinen Augen zu sehen." (Henry Ford)*

3.5.2.1 Ursachen zunehmenden Beratungsbedarfs

Seit Jahrzehnten ist eine Ausweitung der Beratungs- und neuerlich der Coachingangebote zu beobachten. Beides sind Formen der Unterstützung von Menschen in kritischen Lebenssituationen, die sie alleine nicht mehr bewältigen können. Ursachen dieses zunehmenden Beratungsbedarfs sind vielfältig und liegen vor allem in gesellschaftlichen Entwicklungsprozessen, die bisherige Selbstverständlichkeiten und Orientierungen auflösen, Menschen vor neue Situationen stellen, für die sie alleine keine „Auswege“ finden.

Gesellschaftliche Entwicklungsprozesse wie z.B.:

- Entwicklungsgeschwindigkeit von Individualisierungs- und Modernisierungsprozessen und die Auflösung traditioneller Lebensformen
- Radikale Veränderungen auf dem Arbeitsmarkt mit neuen Arbeitsformen und Arbeitszeiten
- Die Schere zwischen arm und reich öffnet sich immer weiter
- Verlust traditioneller Bindungen – neu entstehende Sinnfragen
- Die Möglichkeit pluraler Lebensentwürfe bedingt Unsicherheit
- Wertewandel: Lebensqualität – materieller Wohlstand
- Funktionsverlust der Familie
- Neubestimmung der Geschlechterverhältnisse
- Neue Armut
- Demografischer Wandel mit einer veränderten Altersstruktur

Zur Veränderung der Situation in Familien:

- von der Großfamilie zur Kernfamilie
- Zunahme von Einzelkindern
- sinkende Erstverheiratungen, steigende Scheidungszahlen
- Zunahme außerfamilialer Lebensformen: „Single-Haushalt“; nichteheliche Lebensgemeinschaften mit Kindern
- Armut besonders bei alleinerziehenden Müttern und kinderreichen Familien und zunehmende Verschuldung von Familien
- familiäre Umbruchsituationen nehmen zu

Kritische Lebensereignisse als Beratungsanlass, z.B.:

- Arbeitslosigkeit
- Schulden
- Wohnungsverlust
- Erziehungs- und Schulprobleme

- Paar- und Familienkonflikte
- Behinderung/Krankheit
- Psychische Auffälligkeiten
- Ungewollte Schwangerschaft
- Trennung/Scheidung
- Suchtproblematik
- Migration/Aussiedlung

3.5.2.2 Was soziale Beratung nicht ist ...

Belardi grenzt die sozialpädagogische Beratung von der Alltagsberatung und von der klinischen Beratung deutlich ab.

Alltagsberatung ist für ihn Beratung auf der Grundlage des *gesunden Menschenverstandes*, das Erteilen von oft einmaligen Ratschlägen und gut gemeinten Vorschlägen unter Freunden, Bekannten und Verwandten (vgl. Belardi 2007, 34 f.). Sie ist damit eine *informelle Hilfeleistung* und für bestimmte Probleme auch ausreichend und sinnvoll, stößt jedoch an ihre Grenzen, wenn es um tiefer liegende Probleme mit vielfältigen Ursachen geht, in die die Beratungssuchenden verstrickt sind.

Klinische Beratung ist die von Psychotherapeuten geleistete Beratung bei psychischen Problemen; hier arbeitet vor allem die Berufsgruppe der Diplom-Psychologen und Ärzte mit entsprechenden Zusatzqualifikationen.

Sozialpädagogische Beratung kann sich weder allein auf die psychischen Probleme konzentrieren noch im Sinne von Alltagsberatung tätig werden, ihr besonderes Profil wird im Weiteren entwickelt.

3.5.2.3 Sozialpädagogische Beratung

Soziale Beratung ist eine *Querschnittsaufgabe* innerhalb der Sozialen Arbeit und ist nicht einzelnen Arbeitsfeldern direkt zuzuordnen.

So ist beispielsweise Erziehungsberatung eine Querschnittsfunktion für die Arbeitsbereiche Familie, Kindergarten, Schule, Hort, Jugendarbeit.

Erziehungsberatung kann stattfinden im Alltagshandeln der sozialen Fachkraft im Allgemeinen Sozialen Dienst (ASD) oder im Rahmen der Elternarbeit in einer Kindertagesstätte, sie kann aber auch von einer Beratungsstelle angeboten werden.

Kompetenz für soziale Beratung ist eine Grundkompetenz sozialer Fachkräfte in fast allen Arbeitsfeldern, und soziale Beratung findet nicht nur in speziell dafür vorgesehenen Einrichtungen statt.

Definition nach Thiersch:

> „Soziale Beratung hat das Ziel, Hilfe zur Selbsthilfe in Lebensschwierigkeiten zu ermöglichen; dies bezieht sich auf die heutigen Gesellschaftsstrukturen der Ungleichheit, der Pluralisierung und Individualisierung, wie sie sich in den Wahrnehmungen und Bewältigungsstrategien des Alltags repräsentieren" (Thiersch 2005, 132).

Belardi verweist auf die unterschiedlichen Institutionalisierungsgrade sozialer Beratung:

Institutionalisierungsgrade sozialer Beratung

1. Alltagsberatung ohne Institutionalisierungsgrad
Die Hilfestellung findet im persönlichen Netzwerk des/der Betroffenen statt.

2. Funktionale Beratung
Beratung im sozialpädagogischen Alltag mit niedrigem Institutionalisierungsgrad als Querschnittsfunktion der Sozialen Arbeit, integriert in das Alltagshandeln der sozialen Fachkraft und verbunden mit anderen methodischen Ansätzen. (Beratung im Jugendcafé während der Öffnungszeit, Beratung der Eltern während eines Hausbesuches durch den ASD, Beratung von Jugendlichen durch die Schulsozialarbeit etc.)

3. Institutionelle Beratung
Beratung in Beratungsstellen mit hohem Institutionalisierungsgrad, die Beratungsangebote sind nach Zielgruppen oder Problemfeldern organisiert (z.B. Schuldnerberatung, Drogenberatung, Schwangerschaftskonfliktberatung, Ausländerberatung, Jugendberatung etc.).

Bei der Einschätzung des Institutionalisierungsgrades von sozialer Beratung spielt die Frage, wie der Klient/die Klientin die Instanzen sozialer Beratung erreichen kann, eine wesentliche Rolle.

KOMM-STRUKTUR MIT

- niedrigschwelligen Angeboten (leichter zugänglich für Klienten, nicht so enge Settings, mehr orientiert am Alltag der Klienten) z.B. offene Sprechstunde im Jugendamt;
- hochschwelligen Angeboten (festes Setting, Termine nur nach Anmeldung, lange Wartezeiten u.Ä.)

GEH-STRUKTUR MIT

- sog. aufsuchenden Konzepten der Beratung; diese haben fast keine „Schwellen", da hierbei die Klienten in ihrem Alltag „aufgesucht" werden (vgl. Belardi 2007, 106).

3.5.2.4 PROBLEME SOZIALER BERATUNG

1. Beratung zwischen Hilfe und Kontrolle

In der Beratung kann der Konflikt zwischen Hilfe und Kontrolle dann sehr groß werden, wenn es zu Zwangsberatungen kommt wie beispielsweise in der Bewährungshilfe oder in der Schwangerschaftskonfliktberatung. Hier müssen Klienten gesetzlich vorgeschriebene Beratung wahrnehmen, und das Prinzip der *Freiwilligkeit* wird verletzt (vgl. Thiersch, 2005, 139 f.).

2. Abgrenzung zur Therapie

Beratungssituationen können in *therapeutische Situationen „umkippen"*, da die Grenze zwischen beiden Bereichen fließend ist.

Dies kann vor allem auch dadurch passieren, weil die methodischen Gesprächstechniken in der Regel aus dem Bereich der Psychotherapie kommen.

Um sich hier abzugrenzen, sei an die oben genannte Erweiterung der klassischen Gesprächsführungskompetenz erinnert: Soziale Beratung hat ein eigenständiges Profil, in dem Probleme der Klienten ganzheitlich angegangen und auch konkrete Hilfen und Unterstützungsmanagement angeboten werden. Darüber hinaus geht es auch immer um die *Veränderung des sozialen Umfeldes* des Klienten, einer Verbesserung seiner Lebensbedingungen und nicht nur um eine Anpassung an diese. Damit wird der Rahmen der klassischen Gesprächstherapie verlassen.

3. Geringer Ausbau niedrigschwelliger Angebote
Die Zugangsbarrieren bei den hochschwelligen Angeboten führen insbesondere dazu, dass Klienten aus der Unterschicht solche Beratungsformen selten in Anspruch nehmen und dadurch den Beratungsstellen der Vorwurf der Mittelschichtsorientierung gemacht wird.

Zu der Zugangsbarriere kommt für Klienten aus der Unterschicht oft noch eine Sprachbarriere hinzu, was deutlich macht, dass hier die Entwicklung von spezifischen Beratungsansätzen notwendig ist (z.B. gemeinwesenorientierte Beratungsansätze mit aufsuchenden Elementen).

Reflexionsfrage

- Wodurch unterscheidet sich sozialpädagogische Beratung von psychologischer Beratung und Alltagsberatung?

Weiterführende Literatur

Belardi, Nando (2007): Beratung, eine sozialpädagogische Einführung
Thiersch, Hans (2005): Lebensweltorientierte Soziale Arbeit

3.5.3 Psychosoziale Beratung

In engem methodischem Zusammenhang mit der sozialpädagogischen Beratung steht die psychosoziale Beratung, die vor allem in *eigenständigen Beratungsstellen* (z.B. Erziehungsberatung, gemeindepsychiatrische ambulante Einrichtungen) und in *stationären Einrichtungen im Gesundheitswesen* (z.B. psychosomatische und psychiatrische Einrichtungen und Praxen, rehabilitative Einrichtungen) praktiziert wird und dabei dem Bereich der *klinischen Sozialarbeit* zuzurechnen ist. Eigenständige psychosoziale Beratungsstellen verstehen sich als Anlaufstelle für Menschen in Krisen und bieten entsprechende Unterstützung an. Sie finden sich für vielfältige Zielgruppen (Jugendliche, Eltern, alte Menschen, Angehörige psychisch Kranker) oder auch für spezifische Konfliktsituationen (Suchtberatung, Schwangerschaftskonfliktberatung, Essstörungen, Suizidalität).

Soziale Fachkräfte arbeiten in diesem Feld häufig in sogenannten *multiprofessionellen Teams* gemeinsam mit Ärzten, Psychologen, Therapeuten und Pflegepersonal.

Für die sozialen Fachkräfte ist es in der psychosozialen Versorgung besonders wichtig, die *Kooperation mit anderen Berufsgruppen* zu erlernen und dabei das eigenständige Profil der Sozialen Arbeit vertreten zu können.

Für den Erwerb entsprechender Beratungskompetenzen werden Weiterbildungen und Aufbaustudiengänge angeboten.

Weiterführende Literatur

Sickendiek, Ursel/Engel, Frank/Nestmann, Frank (2008): Beratung – eine Einführung in sozialpädagogische und psychosoziale Beratungsansätze

3.6 Case Management/Care Management

„Im Leben gibt es keine Lösungen ... Es gibt nur Kräfte, die in Bewegung sind. Man muss sie erzeugen, und die Lösungen werden folgen." (A. de Saint-Exupéry)

3.6.1 Entstehung und Zielsetzung

Der Case-Management-Ansatz – zu Deutsch *„Unterstützungsmanagement"* – ist nach Wendt Ende der 70er Jahre in den USA entstanden als Reaktion auf die mangelhafte Koordination sozialer Dienste und eine unzureichende Kooperation der beteiligten Fachkräfte. Häufig wurden Fälle *mehrfachbetreut*, ohne dass die Fachkräfte davon wussten, und es kam dadurch für die Klienten teilweise zu widersprüchlichen und damit wirkungslosen Interventionen. Dies war auch unter Effizienz- und Kostengründen beklagenswert. Case Management will diese negativen Folgen zunehmender Spezialisierung bewältigen.

Hansen kritisiert die Begrifflichkeit des Case Managements, welche assoziiere, der Mensch (case) werde gemanagt, und favorisiert deshalb den – sich in einigen Konzeptionen langsam durchsetzenden Begriff – des Care Managements (vgl. Hansen 2006, 17 ff.).

Aus der Perspektive des Klienten bietet Case/Care Management die Chance, in unübersichtlichen und *komplexen Lebenssituationen* wieder einen Überblick zu gewinnen, „Ordnung" herzustellen (vgl. Wendt/Löcherbach 2006, 3) und damit Handlungskompetenz zurückzugewinnen.

Entsprechend definiert Neuffer:

> „Case Management ist ein Konzept zur Unterstützung von Einzelnen, Familien und Kleingruppen.
> Case Management gewährleistet durch eine durchgängige fallverantwortliche Beziehungs- und Koordinierungsarbeit Klärungshilfe, Beratung, Zugang zu notwendigen Dienstleistungen und eine überwachte, qualifizierte Durchführung der Hilfen.
> Case Management befähigt KlientInnen, Unterstützungsleistungen selbständig zu nutzen und greift so wenig wie möglich in die Lebenswelt von KlientInnen ein“ (Neuffer 2007, 19).

Ein weiterer Aspekt von Case Management liegt darin, dass es häufig keine direkte therapeutische oder psychosoziale Behandlung leistet, sondern *gezielte Planung und Organisation von Hilfsangeboten* unter Beteiligung der Hilfesuchenden anbietet und dabei mit anderen Leistungsanbietern kooperiert.

Wendt und andere haben diesen Ansatz Ende der 80er Jahre auch für die BRD als ein sinnvolles Konzept rezipiert und sehen hierin die Chance,

- effektiver und effizienter, d.h. ökonomischer zu arbeiten;
- auf konkrete Problemlagen gezielte/passende Hilfsangebote zu organisieren und damit bedarfsgerechte Versorgung zu erreichen;
- die Kooperation und Koordination der sozialen Organisationen zu erhöhen.

Die Rolle des Sozialarbeiters/der Sozialarbeiterin verändert sich damit in Richtung Organisation und Planung: „Der Sozialarbeiter erhält im CM eine durchgehende Fallverantwortung und tritt in mehreren Funktionen – als Koordinator, Anwalt, Berater – auf, d.h. direkte und indirekte Hilfestellung prägen seine Arbeit“ (Neuffer in: Fachlexikon 2007, 162).

In neueren Publikationen weist Wendt darauf hin, dass die Weiterentwicklung des Case Management auf drei Ebenen zu verzeichnen ist:
Makroebene: Case Management als politischer Auftrag
Mesoebene: Case Management als Organisationselement zur systematischen Steuerung der Fallarbeit insgesamt
Mikroebene: Case Management als Methode: Management von Fällen und Management im Einzelfall (vgl. Wendt/Löcherbach 2006, 5 ff.)

Bezogen auf die Mikroebene wird im Case-Management-Konzept ein *integrativer Methodenansatz* favorisiert, wobei die *fallführende Fachkraft* alle Fäden in der Hand behält, damit den Überblick gewährleistet und bzgl. Kontrolle und notwendiger Absprachen Ansprechpartnerin für alle mit dem Fall befassten Fachkräfte ist. Dies kann nur gelingen, wenn zwischen Case Manager und Klient ein Arbeitsbündnis auf der Basis „der Achtung der menschlichen Persönlichkeit (und) aktiver und bewusster Beteiligung der KlientInnen" (Neuffer 2007, 39) hergestellt wird. Neuffer wendet sich damit explizit gegen eine Reduktion des Case Managements auf reine Planungs- und Managementtätigkeit, die die Beziehungsebene und die Parteilichkeit und Anwaltsfunktion Sozialer Arbeit ausklammere (vgl. Neuffer 2007).

Für die Umsetzung dieses Ansatzes benötigen die Fachkräfte umfangreiche Kompetenzen der Kommunikation, Beratung und Entscheidungsfindung (vgl. Wendt/Löcherbach 2006, 14 ff.) und Kenntnisse über das Netz sozialer Dienstleistungen in der jeweiligen Region. Diese müssen auf den Einzelfall und die sich daraus ergebenden Bedarfe umgesetzt werden oder ggf. auch neu geschaffen werden.

Für Neuffer stellt das Case Management eine Weiterentwicklung der Methode der Einzelhilfe dar, das an deren Traditionen anknüpft und gleichzeitig die eigenständige Weiterentwicklung betont in Richtung eines strukturierten, zielorientierten, planbaren und transparenten Handelns (vgl. Neuffer 2007, 217 ff.).

3.6.2 Phasen der Fallbearbeitung im Rahmen von Case Management

Erster Schritt: Kontaktaufnahme, Intake, Klärungshilfe (vgl. Neuffer 2007, 53 ff.)

In diese Phase gehören das *Erstgespräch* und der Aufbau einer konstruktiven *Arbeitsbeziehung* zwischen Fachkraft und Klient. Klärungen finden auf der Sach- und der Beziehungsebene statt:

1. Welche Hilfebedarfe existieren?
2. Welche Erwartungen hat der Klient?
3. Kann ein Arbeitsbündnis/Kontrakt hergestellt werden?

Zweiter Schritt: Assessment, Analyse, Profiling, Einschätzung (vgl. Neuffer 2007, 62 ff.)

In dieser Phase steht die *Problemerhebung* und *Problemanalyse* im Mittelpunkt. Wie sieht der Klient/die Klientin das Problem, wie ist die fachliche Einschätzung? Welche Konsequenzen ergeben sich daraus?

Unter Profiling wird die Erhebung der Stärken und Schwächen des Klienten verstanden: Über welche Ressourcen verfügt er, wo benötigt er Unterstützung?

Im Sinne des ökosozialen Denkens wird die Lebenslage des Klienten ganzheitlich betrachtet (Person-Umwelt-Bezüge):

- familiäre Situation
- finanzielle Situation
- Wohnsituation und Wohnumfeld, Stadtteil
- Arbeitssituation
- soziale Situation (Nachbarschaft, Freundeskreis, Verwandtschaft)
- gesundheitliche Situation
- psychosoziale Situation

Dritter Schritt: Hilfebedarf, Förderbedarf, Pflegebedarf (vgl. Neuffer 2007, 83 ff.)

Hilfebedarf

- Welche Stärken/Ressourcen werden beim Klienten wahrgenommen?
- Welche Defizite werden beim Klienten wahrgenommen?
- Welche Probleme sieht der Klient aus seiner Sicht?
- Welche Aspekte sollen vorrangig angegangen werden?

In dieser Phase wird der *Hilfebedarf* festgelegt, die Ziele für den Hilfeprozess definiert und mögliche Maßnahmen angedacht.

Für diese Phase betont Neuffer, wie wichtig die Festlegung von klaren Zielen für die Überprüfbarkeit der Wirksamkeit der Hilfen und für die Klarheit und Transparenz im Hilfeprozess selbst ist.

Ziele smart formulieren:

S – spezifisch auf die konkrete Lebenssituation des Klienten bezogen

M – messbar und damit überprüfbar

A – akzeptiert von allen am Prozess Beteiligten (Klient, Case Manager...)

R – realistisch für alle Beteiligten

T – terminiert: bis wann sollen die Ziele erreicht werden? (vgl. Neuffer 2007, 91)

Vierter Schritt: Hilfe-, Förder- und Pflegeplanung (vgl. Neuffer 2007, 97 ff.)

Zentral in dieser Phase ist die Aufstellung eines *Hilfeplans*, „der alle Beteiligten und in Frage kommenden Institutionen einbindet, deren Aufgaben festschreibt und als Kontrakt Verbindlichkeit im Hilfeprozess gewährleistet“ (Neuffer 2007, 97).

Zu klären ist auch, welche informellen Netze genutzt werden können. Hilfekonferenzen finden statt und in Hilfeplangesprächen werden weitere Handlungsschritte auf der Basis der vereinbarten Ziele kontraktiert.

Fünfter Schritt: Durchführung, Controlling und Re-Assessment (vgl. Neuffer 2007, 103 ff.)

In dieser Phase geht es zum einen um die Umsetzung und Steuerung der vereinbarten Hilfen, zum anderen um die Klärung folgender Fragen:

- Funktioniert das auf den Einzelfall abgestimmte Netzwerk?
- Müssen Korrekturen vorgenommen werden?
- Wo sind Fortschritte und Hindernisse zu beobachten?

Kooperationspartner werden über die Umsetzung in Gesprächen und Berichten informiert und ggf. kommt es zu einem Re-Assessment.

Sechster Schritt: Evaluation und Beendigung der Hilfen (vgl. Neuffer 2007, 108 ff.)

Zentrale Fragestellungen dieser Phase sind:

- Beurteilung der Wirkung der Handlungen: Bewährt sich der Hilfeplan in der Praxis?

- Was haben wir erreicht (für die Betroffenen, die unmittelbar Mitbetroffenen, das Umfeld etc.)?
- Welche Ziele konnten realisiert werden, welche nicht?
- Wie funktionierte die Zusammenarbeit der verschiedenen Helferebenen?
- Welche neuen Perspektiven eröffnen sich?

Reflexionsfragen

- Wie verändert sich im Case Management die Rolle der sozialen Fachkraft?
- Welchen Chancen und Gefahren liegen in diesem Konzept?

Weiterführende Literatur

Neuffer, Manfred (2007): Case Management, Soziale Arbeit mit Einzelnen und Familien

Wendt, Wolf Rainer/Löcherbach, Peter (2006) (Hrsg.): Case Management in der Entwicklung. Stand und Perspektiven in der Praxis, S. 1-53

3.7 Mediation

3.7.1 Was ist Mediation und Scheidungsmediation?

Bedingt durch die Zunahme von Scheidungen in der Bundesrepublik und die besonders für die betroffenen Kinder häufig sehr unbefriedigenden Regelungen bezüglich Sorge- und Besuchsrecht hat sich in den letzten Jahren ein neuer Ansatz etabliert: die Mediation.

Diese neue *Form der Konfliktlösung* kommt aus den USA und wird auch in anderen Problemfeldern eingesetzt zur *außergerichtlichen, autonomen Streitregelung* (z.B. Opfer-Täter-Ausgleich, Nachbarschaftskonflikte, Vermieter-Mieter-Konflikte, kulturelle Konflikte, Konflikte in Schulen).

Es geht bei der Mediation vor allem immer darum, die betroffenen Parteien bei einer gemeinsamen Problemlösung zu unterstützen, in dem sie im Rahmen eines Mediationsprozesses bei einer aktiven, *selbstbestimmten Regelung der Konflikte* unterstützt werden. Ziel ist eine *einvernehmliche*, für beide Seiten befriedigende Lösung der Konflikte. Diese Vermittlung ist *freiwillig* und stellt eine Alternative zu den gerichtlichen Verfahren dar.

Der Mediator ist im Vermittlungsprozess *überparteilich* und neutral, er macht selbst keine Vorschläge, sondern *moderiert* den Konfliktlösungsprozess der beteiligten Konfliktpartner, in dem er den Kommunikationsprozess strukturiert, Informationen gibt und Regeln der Kooperation und Kommunikation zwischen den Betroffenen einführt und auf deren Einhaltung im Prozess achtet.

Die Philosophie dieses Konfliktlösungsmodells besteht darin, dass durch die neutrale Zuhilfenahme eines Dritten aus einem destruktiven Konfliktlösungsmuster ein *konstruktives* werden kann, in dem kooperative Umgangsformen praktiziert werden und Vereinbarungen im beiderseitigen Interesse gesucht werden.

Definition

„Mediation (dt.: Vermittlung) ist ein kurzzeit- und prozessorientiertes, mehrstufig strukturiertes Konfliktregelungsverfahren. Mediation zielt auf einen befriedigenden Ausgleich widerstreitender Interessen der Konflikt-/Streitpartner unter Berücksichtigung ihrer subjektiven Vorstellungen ..." (Proksch in: Fachlexikon 2007, 632).

Definition Scheidungsmediation

Scheidungsmediation ist ebenfalls ein außergerichtliches Verfahren mit dem Ziel, zwischen den Parteien zu einvernehmlichen und eigenverantwortlichen Regelungen von Scheidungsfolgen vor allem im Bereich elterlicher Sorge und des Umgangsrechts zu kommen.

Die Mitwirkung ist freiwillig, der Prozess wird von einem Mediator, der überparteilich ist, gesteuert und moderiert.

Die Mediation intendiert die Wiederherstellung der Kommunikation und Kooperation zwischen den Eltern und die Aufrechterhaltung der Verantwortung *beider* Eltern für die Erziehung ihrer Kinder.

In der Mediation geht es nicht darum, eine rechtlich richtige Entscheidung herbeizuführen oder die Geschichte einer Partnerschaft aufzuarbeiten. Der Blick ist nicht in die Vergangenheit der Partnerschaft gerichtet, sondern auf Zukunftsaufgaben. Hierfür sollen einvernehmliche Lösungen gefunden werden, und zwar von den Betroffenen selbst. Mediation bedeutet also *keine* Schlichtung und *keine* Therapie.

Die Scheidungsmediation geht vor allem davon aus, dass nach einer Trennung oder Scheidung zwar die Partnerschaft zwischen den Eltern aufgehoben ist, jedoch die Elternschaft weiter bestehen bleibt und dies den Eltern deutlich werden muss.

Der Unterschied zum klassischen Scheidungsverfahren und die Vorteile der Mediation:

In den klassischen Scheidungsverfahren wird der „Kampf ums Kind" oft dazu genutzt, um ungeklärte Konflikte mit dem Partner auf diesem Wege auszutragen, fast immer auf Kosten des Kindes/der Kinder. Die Betroffenen lassen sich durch Anwälte vertreten und werden Objekt im Prozess der Auseinandersetzung.

Ein Ergebnis davon ist, dass sehr viele Väter, die nicht das Sorgerecht bekommen haben (und das ist nach wie vor die Regel), den Kontakt zu ihren Kindern immer mehr reduzieren oder sogar ganz verlieren.

Das Modell der Mediation wird in der BRD seit Anfang der 80er Jahre diskutiert und breitet sich seitdem kontinuierlich aus. Es löst im Bereich der Kinder- und Jugendhilfe „die verfassungs-, familien-, jugendhilfe- und prozessrechtlichen Vorgaben (Art. 6 Abs. 2 GG, §§52, 52a FGG, §§278 f., 613 ZPO, 17, 18,28 SGB VIII) ein, vor einem Eingriff in das Elternrecht einvernehmliche Regelungen familienbezogener Streitigkeiten zu initiieren, zu fördern und zu unterstützen" (Proksch in: Fachlexikon 2007, 632).

3.7.2 Zehn Gebote der Mediation

1. Zielorientierung
2. Einbeziehung aller Betroffenen – kein Ausschluss
3. Freiwilligkeit der Teilnahme
4. Selbst-, keine Fremdbestimmung aller Teilnehmer
5. Flexibilität der Teilnehmer/Teilnehmerinnen; viele Feedbacks
6. Chancengleichheit bzgl. des Informationszuganges
7. Achtung unterschiedlicher Interessen
8. Verantwortlichkeit der Teilnehmer/Teilnehmerinnen für die repräsentierte Interessengruppe

9. Vorgabe eines Zeitlimits, innerhalb dessen der Konflikt gelöst werden soll
10. Konkretisierung der Ausführung der getroffenen Übereinkünfte

Vgl. Eybisch, Cornelia (1995): in: Psychologie heute, März 1995, 48

3.7.3 Schritte in der Mediation

Stufe 1

- Informationen über die Regeln der Mediation
- Aushandeln eines Mediationskontraktes

Stufe 2

- Bestandsaufnahme: Herausarbeiten unterschiedlicher Positionen
- Festlegung regelungsbedürftiger Themenbereiche

Stufe 3

- Interessen hinter Positionen sichtbar machen
- unterschiedliche Sichtweisen verstehen

Stufe 4

- Entwicklung von Lösungsideen/Alternativvorschlägen
- Abwägen von Lösungsmöglichkeiten

Stufe 5

- Formulierung des Memorandums bzw. von Vereinbarungen
- Überprüfung durch Beratungsanwälte
- Erprobung in der Praxis, ggf. Veränderung

Stufe 6

- Endgültige Abfassung der Mediationsvereinbarung
- Beendigung des Prozesses

Es haben sich eine Reihe von freiberuflichen Mediatoren/Mediatorinnen etabliert, die sich aus der Berufsgruppe der Juristen und der psychosozialen Berufe rekrutieren.

Für die Anwendung bedarf es einer entsprechenden Zusatzqualifikation.

Zur Sicherung der Standards und zur Etablierung des Berufsbildes haben sich ein Bundesverband Mediation und eine Bundesarbeitsgemeinschaft für Familienmediation (BAFM e.V.) gegründet, die auch Weiterbildungen anbieten. Inzwischen existieren auch Aufbaustudiengänge für Mediation.

Reflexionsfragen

- Wodurch unterscheidet sich Mediation von einer gerichtlichen Klärung z.B. bei Sorgerechtsfragen?
- Worin liegt die Rolle des Mediators?
- Für welche Zielgruppen eignet sich Mediation nicht?

Weiterführende Literatur

Bundesverband Mediation e.V.: www.bmev.de
BAFM e.V.: www.bafm-mediation.de
Montada, Leo/Kals, Elisabeth (2007): Mediation

3.8 Arbeit mit Familien

Hilfen für Familien, die vom Jugendamt betreut werden, da sie mit der Erziehung ihrer Kinder und der Bewältigung des Alltages überfordert sind, werden seit den tragischen Todesfällen einzelner Kinder wieder stärker diskutiert und umgesetzt. So vielfältig wie Familienalltag aussieht, so vielfältig sind die Unterstützungsformen (vgl. Reischach/Straub 2007, 12 f.). Reischach/Straub benennen im Rückgriff auf das KJHG *Familienbildung*, *Familienberatung und Hilfen zur Erziehung* als klassische Formen der Unterstützung von Familien und beschreiben darüber hinaus einige innovative Ansätze.

Im Weiteren wird die klassische *sozialpädagogische Familienhilfe* vorgestellt sowie als neuere Ansätze: Familien im Mittelpunkt (FiM) und Familie im Stadtteil (FiS).

3.8.1 Sozialpädagogische Familienhilfe: Prävention statt Fremdunterbringung

Im Zuge der Kritik an den *hohen Zahlen von Heimunterbringung* von Kindern und der häufig geringen Effektivität solcher Maßnahmen – verbunden mit sehr hohen Kosten – entstanden in den 70er Jahren die ersten Projekte Sozialpädagogischer Familienhilfe (SPFH). Anstelle von Fremdplatzierung der Kinder sollte den Familien *präventiv* in der Familie selbst geholfen werden, indem sozialpädagogische Familienhelferinnen und -helfer in die Familien gehen und sie in schwierigen Lebenssituationen unterstützen mit dem Ziel, vorhandene Ressourcen im Familiensystem für mögliche Veränderungen zu nutzen und damit Hilfe zur Selbsthilfe zu initiieren.

Mit der Einführung des KJHG wird die SPFH als explizite Hilfemaßnahme dort aufgeführt.

Sozialpädagogische Familienhilfe ist eine *intensive Form ambulanter Hilfe* und auch zeitlich oft sehr langfristig konzipiert. Sie bietet ein gutes Beispiel für die Notwendigkeit der Arbeit mit persönlichen und formellen Netzwerken und einer ganzheitlichen Sicht der Probleme der Klienten. So sind die Ursachen, SPFH in Anspruch zu nehmen, in der Regel mehrdimensional und betreffen vielfältige Krisen- und Gefährdungssituationen und *gravierende Unterversorgungslagen* (wie z.B. in den Bereichen Bildung, Arbeit, Wohnen, Finanzen, Schulden und Probleme bei der *Bewältigung von Alltagsanforderungen*, Erziehungs- und Schulprobleme, innerfamiliäre Konflikte, gesundheitliche Probleme und/oder psychosoziale Probleme z.B. durch Scheidung/Trennung) und andere Veränderungen.

Ihr Umfang ist in den letzten Jahren stark gestiegen, und somit stellt die SPFH ein zentrales Betätigungsfeld für Sozialarbeiterinnen und Sozialarbeiter dar.

Klienten sozialpädagogischer Familienhilfe sind vorwiegend sozial Benachteiligte, die aufgrund materieller und psychosozialer Problemlagen mit der Erziehung ihrer Kinder Schwierigkeiten haben, die sie selbstständig ohne Hilfe von außen nicht bewältigen können und die in ihrer eigenen Sozialisationsgeschichte häufig mit Deprivation und extremen Mängellagen konfrontiert waren.

Die Familien, die diese Hilfe bekommen, haben mehrheitlich zwei und mehr Kinder und/oder sind alleinerziehend; die Hilfe wird oft nicht wirklich freiwillig in Anspruch genommen, da bei Nicht-Kooperation eine Fremdplatzierung des Kindes/der Kinder droht (vgl. Helming in: Fachlexikon 2007, 897).

Definition

Sozialpädagogische Familienhilfe ist „eine ambulante und betreuungsintensive Form öffentlicher Erziehungshilfe. (...) Rechtliche Grundlage der S.F. als Regelangebot der Jugendhilfe ist § 31 SGB VIII".

S.F. arbeitet mit einer Geh-Struktur und sucht die Familien in ihrem Lebensumfeld auf, die Hilfe orientiert sich am „gesamten Familiensystem und dessen sozialem Netzwerk". Ziel ist die „Wiedergewinnung oder Gewinnung von Handlungsfähigkeit von Familien, von Stärke, Energie und Phantasie zur Gestaltung des eigenen Lebens" (Helming in: Fachlexikon 2007, 898).

Bezüglich des methodischen Handelns haben sich bundesweit sehr unterschiedliche Ansätze entwickelt und – je nach Problemlage der Familien – bedarf es auch unterschiedlicher methodischer Zugänge zu den Familien.

Folgende Hilfebereiche kommen in der SPFH zum Tragen:

- lebenspraktische Hilfen (Entlastung im Alltag, Wiedergewinnen eigener Kompetenzen)
- psychosozial orientierte Konzepte mit dem Ziel, die Erziehungskompetenz der Eltern wieder herzustellen und die Interaktionsformen in den Familien zu verbessern
- ganzheitliche Ansätze im Sinne der Beziehungen der Klienten zu ihrer Umwelt

Wesentliche Voraussetzungen für die Installierung von SPFH sind:

- die Freiwilligkeit der betroffenen Familie (unter Berücksichtigung der beschriebenen Einschränkung)
- die Bereitschaft zur aktiven Mitarbeit der Familie
- der Aufbau einer Arbeitsbeziehung zwischen Familienhelfer/-helferin und Familie
- der Einsatz sozialpädagogischer Fachkräfte, die unter Supervision arbeiten
- die Schweigepflicht des Familienhelfers/der -helferin

Es geht nicht darum, *für* die Familie zu handeln und sie damit noch unselbstständiger zu machen, sondern *mit* der Familie aktiv zu werden und sie wieder zu befähigen, selbst handlungsfähig zu werden. Es geht also um eine Unterstützung der Familie bei der Bewältigung ihrer

Probleme und nicht um eine Übernahme von Aufgaben. Die Familie als System ist in ihrer Ganzheit mit ihren dynamischen Prozessen zu begreifen. Auch ihre Bezüge zu den sie umgebenden Sozialstrukturen in unmittelbarer Nachbarschaft und im weiteren Gemeinwesen sind zu nutzen, um hier Netzwerke zu aktivieren und auszubauen.

Phasen der SPFH

1. *Anfangsphase*

- In einem Erstgespräch zwischen Familie, Jugendamt und Familienhelferin/-helfer werden Rahmenbedingungen und Arbeitsformen der Familienhilfe abgesprochen, die Erwartungen der Familie an die Arbeit der Familienhelfer formuliert und der zeitliche Umfang festgelegt.
- Der Familienhelfer/die -helferin erhält einen Auftrag zur Durchführung von Familienhilfe auf Antrag der betroffenen Familie.
- Es wird eine Probezeit (ca. zwei Monate) zum gegenseitigen Kennenlernen und Aufbau einer vertrauensvollen Beziehung vereinbart.

2. *Hauptphase*

- Herausfinden der Schlüsselthemen der Familie und gemeinsame Bearbeitung
- Besondere Berücksichtigung von Ressourcen und Netzwerken
- Entwicklung von Perspektiven für die Familie
- Erprobung neuer Handlungskonzepte

3. *Ablösungsphase*

- Die Kontakte werden geringer, um die Ablösung vorzubereiten
- Durchführung eines Abschlussgespräches
- Nachbetreuung

Reflexionsfragen

- Welche Hintergründe haben zur Entwicklung von sozialpädagogischer Familienhilfe geführt?
- Was sind die wesentlichen Aufgaben sozialpädagogischer Familienhilfe?
- Welche Rolle spielt der Familienhelfer/die Familienhelferin?

Weiterführende Literatur

Helming, Elisabeth u.a. (2004): Handbuch Sozialpädagogische Familienhilfe

Kreuzer, Max (2006): Neue Methoden der Familienarbeit, in: Galuske, Michael/Thole, Werner: Vom Fall zum Management, neue Methoden der Sozialen Arbeit, S. 97 ff.

Petko, Dominik (2004): Gesprächsformen und Gesprächsstrategien im Alltag der Sozialpädagogischen Familienhilfe

Reischach, von Gerald/Straub, Ute (2007): Vielfalt der Familien, in: Sozialmagazin, Heft 7-8/2007, S. 12 ff.

3.8.2 FiM: Familien im Mittelpunkt und FiS: Familie im Stadtteil

Anfang der 70er Jahre haben sich in den USA die Families-first-Programme entwickelt, mit dem Ziel, die Fremdplatzierung von Kindern bei *akuten Familienkrisen* zu vermeiden und sich an der Erhaltung gefährdeter Familien zu orientieren. Es wird mit der gesamten Familie an der Überwindung der Krise in der Familie gearbeitet.

„Familien im Mittelpunkt" stellt keine Alternative zur oben beschriebenen SPFH dar, sondern versteht sich als Ergänzung. Nach Aussage von Gehrmann/Müller wendet sich SPFH an andere Familien und Konfliktkonstellationen, und das Konzept unterscheidet sich durch seinen methodischen Ansatz.

So arbeitet das Familien-im-Mittelpunkt-Programm *zeitlich äußerst intensiv* (bis zu 30 Stunden pro Woche und bei akuten Krisen besteht 24 Stunden Rufbereitschaft) und ist von der Dauer sehr kurz angelegt (in der Regel vier Wochen, bei Bedarf bis zu sechs Wochen). Im Anschluss findet eine weniger intensive Nachbetreuung durch andere soziale Dienste statt. Jeder Familienarbeiter/jede -arbeiterin betreut maximal zwei Familien. Die Dienstleistungen finden in der Wohnung oder Wohnumgebung der betroffenen Familie statt.

Das Programm ist vor allem konzipiert für Familien in akuten Krisen wie z.B. Vernachlässigung, Kindesmisshandlung und Missbrauch.

Jede Maßnahme wird abschließend auf ihre Wirksamkeit hin evaluiert.

Das Programm FiM orientiert sich an folgenden Maximen:

- „respektvoller Umgang mit Familien
- das auf Stärken gerichtete Assessment

- das ‚Werben' (Engaging) um einen Auftrag der Familie, gerade wenn vorher Schlimmes (Misshandlung, Missbrauch, gefährliche Vernachlässigung, Gewalt) zum Eingreifen des Jugendamtes geführt hat.
- Gewaltdämpfung" (Gehrmann/Müller 2008, 22)

Der letzte Punkt wird von den Autoren besonders betont, Konfliktdämpfung und Sorge für die Sicherheit der Kinder in den Familien sind ein zentraler Bestandteil des Programms.

Die Philosophie des Programms wird von der Bundesarbeitsgemeinschaft Familien im Mittelpunkt wie folgt vorgestellt:

Grundphilosophie

- Kinder können am besten in einer Familie aufwachsen. Die Sicherheit des Kindes innerhalb der Familie steht im Vordergrund.
- In jeder Familie gibt es Möglichkeiten der Veränderung.
- Das Verstärken der positiven Kräfte in der Familie ist Ziel der Hilfe.
- Die Normen und Werte, mit denen die Familie lebt, werden respektiert.
- Familienmitglieder haben den Willen zur Veränderung.
- Eine Krise bietet zusätzlich Chancen zur Veränderung (www.BAG-FiM.de).

Das Programm ist in verschiedene Phasen unterteilt:

1. Intake: Der Krisendienst klärt innerhalb von 24 Stunden nach Bekanntwerden der Krise die Bereitschaft zur Übernahme eines Mandates bei der Familie.
2. Engagement: Die Familienarbeiter/-arbeiterinnen erhalten einen Auftrag von der Familie.
3. Assessment: Hierbei geht es um die Problemeinschätzung: Gemeinsam mit der Familie wird abgeklärt, welche Probleme anzugehen sind.
4. Entwicklung eines auf die Familie abgestimmten *Arbeitsprogramms*:
   - Bereitstellung sozialer Hilfen und Unterstützungsleistungen
   - Konfliktdämpfung und Stärken-Assessment
5. Beendigung und *Evaluation*

Gehrmann/Müller betonen, dass es für die Umsetzung des Programms erforderlich ist, eine entsprechende Weiterbildung zu absolvieren, entsprechende Programme werden von der Bundesarbeitsgemeinschaft „Familien im Mittelpunkt" angeboten.

FiS: Familie im Stadtteil

Über *Frühwarnsysteme* zur Prävention familiärer Gewalt gegenüber Kindern wurde in den letzten Jahren viel diskutiert.

Es häufen sich die Berichte über Kindeswohlgefährdungen dramatisch bzw. die öffentliche Aufmerksamkeit dafür ist seit dem Bekanntwerden einiger Todesfälle stark angestiegen. Die Erziehungskompetenz der Eltern bedarf einer stärkeren Förderung und Unterstützung auf der Grundlage einer Erziehungs- und Bildungspartnerschaft mit den Eltern, die nicht erst beginnen sollte, wenn es bereits zu familiärer Gewalt gekommen ist.

Gehrmann/Müller/Säuberling legen ein solches Präventionskonzept *FiS: Familie im Stadtteil* vor. Dieses Konzept bietet jungen Familien und Alleinerziehenden auf freiwilliger Basis niedrigschwellige Hilfen als Prävention familiärer Gewalt an.

Während FiM in einer akuten Krise interveniert, will FiS präventiv wirksam werden und frühzeitig die Erziehungskompetenz der Eltern unterstützen und diese auch in alltäglichen Stresssituationen entlasten (vgl: Gehrmann/Müller/Säuberling 2008, 32). Die Grundphilosophie ist bei beiden Programmen gleich und basiert auf der beschriebenen Wertschätzung der Familien und dem Respekt vor ihrem oft schwierigen Alltag.

Verbindung von Netzwerkarbeit und Freiwilligenarbeit als neues Konzept von Stadtteilarbeit

Das Besondere an dem Konzept ist eine Verbindung von *ehrenamtlicher nachbarschaftlicher Hilfe* mit informellen nachbarschaftlichen Netzen. Im Stadtteil werden befähigte Freiwillige für die Betreuung der Familien gesucht und von hauptberuflichen Fachkräften geschult und angeleitet.

Die Freiwilligen werden im Stadtteil rekrutiert; es handelt sich meistens um Frauen, deren Kinder schon älter sind und die sich –

perspektivisch auch beruflich – neu orientieren. Sie besuchen die Familien und bieten ihre Unterstützung in praktischen Dingen (z.B. Babysitting, Unterstützung bei Behördengängen u.Ä.) ebenso an wie ein offenes Ohr für Gespräche. Ziel der Arbeit ist die Entlastung der Familien, die Reduktion von Stress und die Vermittlung in informelle Netze, insbesondere auch für Migrantenfamilien.

Das Modell wurde erfolgreich in Bremerhaven erprobt. Die Autoren legen ein Methodenhandbuch vor, in dem auch die Fortbildungsreihe zur Qualifizierung für FiS-Teamleiter/-leiterinnen vorgestellt wird.

Eine weitere Variante der stadtteilbezogenen Unterstützung von Familien stellen die *Familienzentren* dar. Diese dienen ebenfalls der Prävention, indem der Überforderung von Eltern entgegengewirkt wird, und zwar so frühzeitig, dass die Zentren als soziales Frühwarnsystem fungieren (vgl. Schönig/Pollock 2008, 30 ff.).

Reflexionsfragen

- An welche Zielgruppen wendet sich FiM im Vergleich zu FiS?
- Mit welcher grundsätzlichen Haltung arbeitet der/die FiM-Mitarbeiter/Mitarbeiterin?
- Wo liegen Chancen und Gefahren einer Arbeit mit freiwillig Engagierten in diesem Feld?

Weiterführende Literatur

Gehrmann, Gerd/Müller, Klaus D. (2008): Familien im Mittelpunkt, Handbuch effektives Krisenmanagement für Familien

Gehrmann, Gerd/Müller, Klaus D. (1999): Inhomeservice, eine neue Herausforderung für die Soziale Arbeit, in: Sozialmagazin, H. 11/1999, S. 14 ff.

Gehrmann, Gerd/Müller, Klaus D./Säuberlich, Uwe (2008): Familie im Stadtteil, Methodenhandbuch

Bundesarbeitsgemeinschaft Familien im Mittelpunkt (BAG-FIM): www.BAG-FIM.de

4

4. Konzepte für die Arbeit mit Gruppen

Wir müssen da und dort kleine Inseln bilden geistiger Beziehungen von Mensch zu Mensch. Diese Inseln müssen sich langsam zu Deichen und Dämmen zusammenschließen.
(Aurel Wolfram)

Zusammenfassung: Nach einer kurzen historischen Einordnung, Definition und der Darlegung verschiedener Modelle der Arbeit mit Gruppen und der Prinzipien für die soziale Gruppenarbeit werden typische Phasen der Gruppenentwicklung, Rollen in Gruppen und Führungsstile thematisiert. Auf die themenzentrierte Interaktion als eine häufig eingesetzte Methode wird ausführlicher eingegangen. Peergroup Education und Erlebnispädagogik als besonders in der Jugendhilfe praktizierte Ansätze werden abschließend kurz dargestellt.

4.1 Entwicklung nach 1945

Die Methode der sozialen Gruppenarbeit entwickelte sich in Deutschland als professionelle Methode erst nach 1945.

Nach dem Nationalsozialismus haben die Amerikaner im Rahmen sogenannter Re-education-Programme die Methode sozialer Gruppenarbeit nach Deutschland gebracht. Diese Programme hatten das Ziel, die deutsche Bevölkerung zu re-demokratisieren.

Die Methode der Gruppenarbeit wurde hier als ein guter *Ansatz zur „Umerziehung“* gesehen.

Bemerkenswert ist, dass es gerade auch aus Hitler-Deutschland emigrierte engagierte soziale Fachkräfte waren, die in Amerika Handlungsansätze Sozialer Arbeit weiterentwickelt haben und nach dem Krieg nach Deutschland zurückgebracht haben.

Beispielhaft dafür sind für die soziale Gruppenarbeit *Magda Kelber* und *Gisela Konopka*.

In den USA wurde die Methode der sozialen Gruppenarbeit vor allem auch in der außerschulischen Jugend- und Erwachsenenbildung eingesetzt, um die große Gruppe der Einwanderer und Randgruppen in die amerikanische Gesellschaft zu integrieren; im Vordergrund stand dabei ein Verständnis von sozialer – nicht pädagogischer – Gruppenarbeit.

Durch die Gruppenarbeit sollte eine stärkere Bürgerbeteiligung im öffentlichen Leben zum Aufbau des demokratischen Staates Amerika erreicht werden.

Marianne Schmidt-Grunert teilt die Entwicklung der Arbeit mit Gruppen in der BRD in fünf Phasen (vgl. Schmidt-Grunert 2002, 26 ff.) und sieht den derzeitigen Stand in einer Professionalisierung der Gruppenarbeit im Kontext der Entwicklung einer Sozialarbeitswissenschaft.

Wir finden heute die soziale Gruppenarbeit vor allem in der Kinder- und Jugendarbeit, der Schulsozialarbeit, der Elternarbeit und der Bildungsarbeit verbreitet, in anderen Feldern Sozialer Arbeit wird sie weniger häufig praktiziert.

Weiterführende Literatur

Müller, C. Wolfgang (2006): Wie Helfen zum Beruf wurde, 120 ff.
Konopka, Gisela (2000): Soziale Gruppenarbeit – ein helfender Prozess
Schmidt-Grunert, Marianne (2007): Soziale Arbeit mit Gruppen, Kapitel 1

4.2 Zum Begriff der sozialen Gruppenarbeit

4.2.1 Zum Begriff der Gruppe

Die Erforschung von Gruppenprozessen, Gruppenphänomenen, Gruppenstrukturen, Rollen in Gruppen etc. ist Teil der Sozialpsychologie und unter dem Titel „*Kleingruppenforschung*“ subsumiert.

Bezüglich der Definition, was eine Gruppe ist, besteht keine Einigkeit. Folgende Definition soll an dieser Stelle verwendet werden:

> „Eine sozialpsychologische Gruppe ist ein organisiertes System von zwei oder mehr Individuen, die so miteinander verbunden sind, dass in einem gewissen Grade gemeinsame Funktionen möglich sind, Rollenbeziehungen zwischen den Mitgliedern bestehen und Normen existieren, die das Verhalten der Gruppe und aller Mitglieder regeln“ (McDavid und Harari, zitiert nach Sader 2008, 38).

Sader nennt folgende Merkmale einer Gruppe:

- „erleben sich als zusammengehörig,
- definieren sich explizit als zusammengehörig,
- verfolgen gemeinsame Ziele,
- teilen Normen und Verhaltensvorschriften für einen bestimmten Verhaltensbereich,
- entwickeln Ansätze von Aufgabenteilung und Rollendifferenzierung,
- haben mehr Interaktionen untereinander als nach außen,
- identifizieren sich mit einer gemeinsamen Bezugsperson oder einem gemeinsamen Sachverhalt oder einer Aufgabe,
- sind räumlich und/oder zeitlich von anderen Individuen der weiteren Umgebung abgehoben“ (Sader 2008, 39).

4.2.2 Soziale Gruppenarbeit

Knippenkötter definierte die soziale Gruppenarbeit (Knippenkötter 1972, 10) wie folgt:

> „Soziale Gruppenarbeit als Methode ist das bewusste Hantieren mit Beziehungen innerhalb einer Gruppe, ihren Mitgliedern, ihrer Situation in der Art, dass in der Gruppe, ihren Mitgliedern und ihrer Situation Kräfte entwickelt werden, die der weiteren

> Entfaltung der Zugehörigen dieser Gruppe dienstbar sind. Der ‚Groupworker' ist dann derjenige, der die Fähigkeit besitzt, diese Beziehungen bewusst zu handhaben."

Dieses Verständnis hat noch heute Gültigkeit, wobei jedoch die wissenschaftliche Begründung der Methode und daraus abgeleitetes handlungsorientiertes Wissen an Bedeutung gewonnen haben.

Menschen leben von Anbeginn in Gruppen ...

Der Mensch wächst in Gruppen auf: Ausgehend von der Familie, erhält er Gruppenerfahrungen im Elementarbereich, in der Schule, später im Berufsleben und eventuell am Ende seines Lebens in einem Altersheim. Insofern ist jedes Individuum immer Mitglied von Gruppen, der Mensch existiert als „member".

Die Organisation, Planung und Durchführung von Gruppenarbeit gehört zu einem festen Bestandteil Sozialer Arbeit und findet in den verschiedensten Arbeitsfeldern statt.

Dieser Tatbestand macht es schwierig, den Begriff der sozialen Gruppenarbeit schlüssig zu definieren. In der Literatur findet sich darüber hinaus auch der Begriff „*Gruppenpädagogik*" – häufig werden beide Begriffe synonym verwendet.

Es gibt die Gruppe im Kindergarten, die Projektgruppe in der Schule, die Gruppenarbeit in der Jugendarbeit, die Mädchengruppe in der Heimerziehung, die Gruppenarbeit im Jugendstrafvollzug, aber es gibt auch vielfältige Gruppenangebote für Erwachsene: die Familienbildungsarbeit, die Gruppe für Alleinerziehende im Stadtteil, die Volkshochschule mit Gruppenangeboten, die Selbsthilfegruppe im Gesundheitszentrum, die psychosozialen und therapeutischen Gruppenangebote und vieles mehr.

Diese Vielfalt lässt *verschiedene Ordnungsmöglichkeiten* zu:

- nach der Zielgruppe
- nach Art des Problems
- nach den Zielen und Inhalten der Gruppenarbeit

In diesem Buch wird der Oberbegriff soziale Gruppenarbeit verwendet und folgendes Ordnungsschema vorgestellt, welches immer auch zu Mischformen zwischen den verschiedenen Modellen führen kann:

Modelle sozialer Gruppenarbeit

1. Modell der Sozialisation

Inhalt: Gruppenarbeit im Rahmen von Sozialisationseinrichtungen

Ziel: Förderung sozialen Lernens und Förderung der Verselbstständigung von Kindern und Jugendlichen, (Re-)Integration

Beispiele: Kindergarten, Heimerziehung, Mädchen- und Jungenarbeit im Jugendzentrum

Bezug zur Gruppe: Ort und Medium der Erziehung
Aktivitäten primär nach innen gerichtet

2. Modell der Freizeitgestaltung und des sozialen Kontaktes

Inhalt: Programmgestaltung nach Interessen und Bedürfnissen der Gruppenmitglieder

Ziel: Beziehungsaufnahme zu anderen – oft Gleichaltrigen – und gemeinsame Aktivitäten

Beispiele: Gruppe mit alleinerziehenden Müttern, Ferienfreizeiten in der Jugendarbeit, Seniorentreffpunkte

Bezug zur Gruppe: Ort der Freizeitgestaltung und Möglichkeit zum sozialen Kontakt
Aktivitäten nach innen und außen gerichtet

3. Modell psychosozialer Hilfe

Inhalt: persönlich belastende Lebenslagen

Ziel: Anpassung und Hilfe z.B. bei psychischen, sozialen, gesundheitlichen und kulturellen Problemen

Beispiele: Selbsthilfegruppen, Gruppentherapie

Bezug zur Gruppe: Behandlungsort und -mittel
Aktivitäten nach innen gerichtet

4. Modell der sozialen Aktion

Inhalt: gesellschaftlich problematische Situation

Ziel: soziale Veränderung, demokratischer Gruppenprozess, Weckung sozialen Bewusstseins

Beispiele: Bürgerinitiativen (z.B. Durchsetzung von Spielstraßen, Widerstand gegen Flughafenausbau) zur Planung sozialer Projekte, Aktionen und Aufgaben

Bezug zur Gruppe: Ort der Planung gemeinsamer Aktionen
Aktivitäten primär nach außen gerichtet

Deutlich wird, dass in den verschiedenen Modellen auch unterschiedliche Typen von Gruppenleitung verankert sind: Während Gruppenarbeit bei Modell 1 und 2 in der Regel von einem Gruppenleiter/einer Gruppenleiterin geplant und durchgeführt wird, ist die Rolle von Leitung bei Modell 3 unterschiedlich; so arbeiten Selbsthilfegruppen z.B. zum Teil bewusst ohne professionelle Leitung, das Gleiche gilt für Bürgerinitiativen.

4.2.3 Zum Begriff der Gruppendynamik

Im Rahmen der Beschäftigung mit sozialer Gruppenarbeit taucht auch immer wieder der Begriff der Gruppendynamik auf, der ebenfalls unterschiedlich verwendet wird.

Unter Gruppendynamik subsumieren sich im Sprachgebrauch drei Tatbestände:

1. *Gruppendynamik als Forschung über den Gruppenprozess*: Hier werden Erklärungsmodelle für das Geschehen in Gruppen erforscht, Stadien der Gruppenentwicklung, typische Rollen in Gruppen, Interaktionsformen in Gruppen, Lernprozesse in Gruppen, Macht und Vertrauen u.a.m. untersucht.
2. *Gruppendynamik als Methode*: Hierbei handelt es sich um ein Lernkonzept und eine Methode der Selbsterfahrung bzw. Selbstreflexion z.B. in gruppendynamischen Seminaren, Encounter-Gruppen, Balintgruppen u.Ä. Die Gruppe selbst ist dabei der Lerngegenstand.
3. *Gruppendynamik* als das *spezifische Handeln in Gruppen*: Hier ist nicht das Konzept gemeint, sondern der Handlungsentwurf, das Agieren in und mit Gruppen. Hierfür sind auch eine Reihe von methodischen Hilfen entwickelt worden, um den Gruppenprozess beurteilen zu können, z.B. das Soziogramm und die Soziometrie.

Reflexionsfragen

- Welchen Stellenwert hat das Leben in Gruppen für den Menschen?
- Welche (Lern-)Chancen liegen darin?

Weiterführende Literatur

Geißler, Karlheinz/Hege, Marianne (2007): Konzepte sozialpädagogischen Handelns, Kapitel 7, 8 und 9

4.3 Grundlagen und Bedingungen sozialer Gruppenarbeit

4.3.1 Prinzipien sozialer Gruppenarbeit

Vergleichbar der Einzelhilfe existieren auch für die Gruppenarbeit bestimmte handlungsleitende Prinzipien. Kelber als eine Wegbereiterin der Gruppenpädagogik in der BRD hat bereits in den 50er Jahren des letzten Jahrhunderts in verschiedenen Publikationen Prinzipien der Gruppenarbeit aufgestellt, die später von anderen Vertretern in ähnlicher Weise übernommen wurden und bis heute Gültigkeit besitzen:

- Individualisieren
- Mit der Stärke arbeiten
- Anfangen, wo die Gruppe steht und sich mit ihr – ihrem Tempo entsprechend – in Bewegung setzen
- Raum für Entscheidungen geben und notwendige Grenzen positiv nutzen
- Zusammenarbeit mehr pflegen als Einzelwettbewerb
- Sich überflüssig machen (als Gruppenleiter)

Reflexionsfrage

- Welche Parallelen zu den Grundprinzipien in der Einzelhilfe werden Ihnen hierbei deutlich?

Weiterführende Literatur

Schmidt-Grunert, Marianne (2002): Soziale Arbeit mit Gruppen
Galuske, Michael (2007): Methoden der Sozialen Arbeit, S. 88 ff.
Brennpunkte Sozialer Arbeit (1990): Soziale Gruppenarbeit

4.3.2 Phasen des Gruppenprozesses

Es ist den Forschern Garland/Jones/Kolodny (1976) zu danken, dass bis heute ein idealtypisches Modell über die verschiedenen Phasen eines Gruppenprozesses vorliegt. Dieses Modell ist in verschiedenen Variationen immer wieder „neu" entdeckt worden, so dass an dieser Stelle das ursprüngliche Modell mit fünf Entwicklungsstufen vorgestellt wird (zum Folgenden vgl. Garland u.a. 1976, 57 ff.).

Stufe 1: Voranschluss oder Orientierung
Stufe 2: Machtkampf und Kontrolle
Stufe 3: Vertrautheit und Intimität
Stufe 4: Differenzierung
Stufe 5: Trennung oder Ablösung

Stufe 1: Voranschluss oder Orientierung:

Der Beginn einer neuen Gruppenarbeit ist für die Gruppenmitglieder gekennzeichnet durch Unsicherheit, Zweifel, ob sie in der richtigen Gruppe sind; die neue Gruppe wird mit alten Gruppenerfahrungen verglichen und entsprechend „bewertet".

Die Autoren sprechen vom Dilemma zwischen Annäherung und Ausweichen. Tuckmann benennt diese Orientierungsphase auch „*Forming*" (vgl. Tuckman 1965).

Stufe 2: Machtkampf und Kontrolle

In dieser Phase der Gruppenentwicklung bemühen sich die einzelnen Mitglieder, Status zu gewinnen, einzelne Mitglieder näher kennen zu lernen, es gibt Rivalitäten zwischen den Gruppenmitgliedern und zum Gruppenleiter, der Kampf um Positionen beginnt.

Fragen wie: Ist das die richtige Gruppe für mich? Ist der Gruppenleiter kompetent? beschäftigen die Gruppenmitglieder. Tuckmann beschreibt diese Phase der Beziehungsklärung und Positionssuche mit: „*Storming*".

Stufe 3: Vertrautheit und Intimität

Die Gruppenmitglieder beginnen sich sicherer zu fühlen und gegenseitig zu öffnen, die Gruppe entwickelt sich langsam vom ICH zum WIR. Die Aktivitäten sind aufeinander bezogen und es existiert ein erhöhtes zwischenmenschliches Engagement.

Diese Phase des WIR-Gefühls und des Sich-Organisierens benennt Tuckmann mit „*Norming*".

Stufe 4: Differenzierung

Auf dieser Stufe der Gruppenentwicklung besteht ein guter Zusammenhalt zwischen den Gruppenmitgliedern, sie unterstützen sich gegenseitig, können gegenseitige Stärken und Schwächen akzeptieren und die Einzelnen für die Belange der Gruppe nach ihren Fähigkeiten einsetzen. Es herrscht wenig Machtkampf oder Konkurrenz.

Diese Stufe der Gruppenentwicklung stellt eine sehr reife Gruppe dar, in der Einzelne und die Gruppe in einem ausgewogenen Verhältnis zueinander stehen und die Gruppe in hohem Maße Autonomie und Selbstständigkeit beweist. Für Tuckmann drückt sich dies im Begriff: „*Performing*" aus.

Stufe 5: Trennung oder Ablösung

Die Trennung von der Gruppe gestaltet sich für die Einzelnen sehr unterschiedlich. Einige leugnen das Ende der Gruppe, andere fordern eine Fortsetzung oder suchen sich schnell eine neue Gruppe, andere gehen bewusst auseinander. Tuckmann verwendet hierfür den Begriff: „*Adjourning*".

Dieses Stufenmodell ist eine *idealtypische* Beschreibung von Prozessverläufen in Gruppen. Gruppenprozesse können anders verlaufen, Phasen können übersprungen werden, Gruppen können in alte Phasen zurückfallen oder bestimmte Phasen erst gar nicht erreichen.

Es ist wichtig, sich klar zu machen, dass dieses Modell vor allem ein analytisches Modell zum Verstehen der Prozesse in der Gruppe ist und nicht zur Planung für Gruppenaktivitäten nach diesem Modell zu nutzen ist. Es hilft aber zu verstehen, warum sich Gruppen in bestimmten Krisen befinden und wie die Gruppenleitung damit umgehen kann.

4.3.3 Macht, Status und Rollen in Gruppen

Neben der Erforschung des Gruppenprozesses hat sich die Kleingruppenforschung auch immer wieder mit der Frage der Machtverteilung in Gruppen und der „Rollen in Gruppen" befasst.

Zu der Frage der Macht in Gruppen führt Sader aus, dass es darum geht zu untersuchen:

- Wer hat Macht? Z.B. feststellbar daran, wer den größten Einfluss auf Gruppenentscheidungen hat, an wessen Zustimmung zu meinen Vorstellungen mir besonders gelegen ist und mit wem ich Blickkontakt aufnehme, wenn ich mich an die „Gruppe“ wende.
- Wer schreibt jemandem Macht zu?
- Unterschiede zwischen Männern und Frauen in Gruppen (z.B. Länge der Redebeiträge).
- Wie kann man Macht klassifizieren? (vgl. Sader 2008, 66 f.)

French/Raven (1959) schlagen folgende Klassifikation vor:

- Belohnungs- und Bestrafungsmacht
- Legitime Macht
- Identifikationsmacht
- Expertenmacht
- Informationsmacht (vgl. Sader 2008, 67)

Neben dieser Machtverteilung in Gruppen werden auch bestimmte Rollen und Positionen in der Kleingruppenforschung untersucht, insbesondere das Sündenbockphänomen ist ausführlich erforscht worden.

Benne/Sheats schlagen folgende Unterteilung von Positionen in Gruppen vor:

- *aufgabenorientierte* Positionen (z.B. der Koordinator, der Planer, der Vordenker)
- *gruppenprozessorientierte* Positionen (z.B. der Harmonisierer, Ermutiger, Konfliktlöser)
- *individuumszentrierte* Positionen (z.B. der Quertreiber, Aggressive, der Dominante)

Tobias Brocher unterteilt vergleichbar die Rollen in Gruppen nach

- Aufgabenrollen
- Erhaltungsrollen/Aufbaurollen
- Dysfunktionale Rollen

Raul hat die Positionen in Gruppen wie folgt charakterisiert:

Alpha: Führungsrolle, Identifikation mit den Zielen, Vertretung nach außen

Beta: Fachmann an der Seite des Gruppenleiters, Fachkenntnisse, neutrale Person, oft Vermittler zwischen Alpha und anderen Gruppenmitgliedern

Gamma: Mitläufer (dazu gehört in der Regel der Großteil der Gruppe)
Omega: Außenseiter, Sündenbock, negative Projektionen vereinigen sich auf diese Position, „Repräsentanz des Feindes in der Gruppe".

Rollen in Gruppen ergeben sich aus der spezifischen Gruppensituation und den dort erlebten äußeren Erwartungen. Sie sind nicht „Lebensrollen" des jeweiligen Betroffenen, haben aber häufig etwas mit seinen früheren Erfahrungen und seinen „inneren" Erwartungen zu tun. Rollen sind veränderbar und insbesondere in Trainingsgruppen ist das Erkennen von Rollen (durch Selbst- und Fremdwahrnehmung) und die Veränderung ein wesentliches Ziel der Gruppenarbeit. Auch diese Rollenmodelle dienen primär der Analyse des Gruppengeschehens für den Gruppenleiter bzw. die Gruppenleiterin und nicht als Rollen, die in der Gruppe zu verteilen sind.

Reflexionsfragen

- Wofür ist das Modell der Gruppenentwicklung einsetzbar?
- Rollen in Gruppen: Welche unterschiedlichen Klassifikationen werden beschrieben?

Weiterführende Literatur

Sader, Manfred (2008): Psychologie der Gruppe

4.3.4 Führungsstile und die Rolle des Gruppenleiters/der Gruppenleiterin

Über Führungsverhalten in seinen Auswirkungen auf Gruppenklima und Verhalten liegt eine besonders häufig zitierte Untersuchung aus dem Jahre 1939 von den Forschern Lewin/Lippitt und White vor. Da auf diese Studie bis heute immer wieder Bezug genommen wird, wird sie hier dargestellt.

Die Forscher untersuchten in vier Gruppen von Jugendlichen die Auswirkungen der drei Führungsstile:

Autokratisch (*autoritär*): Anweisung geben, unterbrechende Befehle, Kritik, Lob und Tadel, abweisend, kühl, bestimmend, überaktiv, in den Vordergrund tretend.

Demokratisch: aktive Bereitschaft, lenkende Vorschläge zu machen, zustimmend, nachgebend, freundlich, höflich, sachlich, interessiert, ermutigend, partnerschaftlich, kontaktsuchend.

Laissez-Faire: auf Fragen Auskunft geben, aber ansonsten die Gruppe sich selbst überlassend, unsicher, hilflos, weich, indifferent.

Dabei kamen sie zu folgendem Ergebnis:

1. Beim *autokratischen* Führungsstil kam es zu den meisten Aggressionen, mehr Abhängigkeit und submissives Verhalten wurden deutlich. Vier Kinder verließen unter diesem Führungsstil die Gruppe. Es war zwar eine höhere Arbeitsleistung zu beobachten, aber nur bei Anwesenheit des Leiters; die Motivation fiel bei Abwesenheit des Leiters und dann war keine Arbeitsleistung zu beobachten. Das Sündenbockverhalten war in dieser Gruppe am ausgeprägtesten.
2. Beim *demokratischen* Führungsstil war das Gruppenklima am besten, die Interaktion freier und stärker gruppen- als ich-orientiert. und die Arbeitsleistung gut. Dieser Führungsstil wurde von den Kindern am besten beurteilt.
3. Beim *Laissez-Faire*-Führungsstil wurde weniger und weniger gut gearbeitet, die Kinder waren uninteressiert und lustlos (vgl. Sader 2008, 272 ff.).

Lewin selbst resümiert seine Ergebnisse wie folgt:

> „Wenige Erfahrungen haben mich so beeindruckt wie der Ausdruck in den kindlichen Gesichtern am ersten Tage unter einem autokratischen Führer. Die Gruppe, die zuvor freundlich, offen, kooperativ und voller Leben gewesen war, wurde in einer knappen halben Stunde eine sehr apathisch wirkende Versammlung ohne Initiative“ (Lewin, zitiert nach Sader 2008, 273).

In der heutigen Forschung zu Führungsstilen wird der *grundsätzliche* Vorteil des demokratischen Führungsstils in Frage gestellt und auf eine Reihe von Bedingungsfaktoren hingewiesen, die zu berücksichtigen sind. Darüber hinaus ist die begriffliche Schärfe des demokratischen Führungsstils unzureichend.

Es existieren Gruppen, die bewusst auf explizite Führung verzichten und damit sehr erfolgreich sind, so zum Beispiel die meisten Selbsthilfegruppen.

Neue Anforderungen an Gruppenleitung: der moderierende, situative Ansatz

Die Rolle des Gruppenleiters/der Gruppenleiterin hat sich in den Anforderungen stark gewandelt, ausgehend von der Einschätzung, dass eine Gruppe als ein soziales System in einem Gesamtsystem anzusehen ist, welches ständigen Veränderungen unterliegt. Damit ist der Gruppenleiter weniger Lernlokomotive oder Motor der Gruppe, sondern vielmehr *Beobachter*, *Anreger*, *Aufklärer*. Diese Einschätzung kommt in folgendem Zitat von Schumann zum Ausdruck:

> „Modern gesprochen ist er mehr der Moderator eines Gruppenprozesses, nicht ihr Inszenator oder gar Bestimmer. Diese Neubestimmung der Rolle des Gruppenleiters macht die Sache freilich nicht leichter, sondern eher schwerer. Der Wandel von der alten Rolle des Gruppenleiters zur neuen Rolle des Moderators bedingt ein ‚Mehr' an diagnostischen und kommunikativen Kompetenzen, vor allem Offenheit gegenüber der unmittelbaren Situation, Schnelligkeit in puncto Wahrnehmung und Situationsanalyse, die Fähigkeit zu Fremd- und Selbstwahrnehmung, Schlagfertigkeit in puncto Intervention und nicht zuletzt ein hohes Maß an Selbstreflexion" (Schumann 1996, 8 zit. n. Nebel u.a. 1997, 97).

In neueren Konzepten wird vom *situativen Führungsstil* als optimale Orientierung gesprochen; damit soll deutlich gemacht werden, dass unterschiedliche Gruppen unterschiedliches Gruppenleiterverhalten benötigen – je nach Aufgabe und Entwicklungsstand der Gruppe. Dies bedeutet jedoch nicht, dass die Gruppenleitung beliebig zwischen autoritärem, demokratischem und Laissez-Faire-Führungsstil wechselt, sondern dass im Sinne der oben beschriebenen Moderatorenrolle der Gruppenleiter/die Gruppenleiterin mehr oder weniger stark den Gruppenprozess steuert und interveniert – je nach Entwicklungsstand der Gruppe – auf der Basis eines demokratischen/partnerschaftlichen Grundverständnisses: so viel Steuerung wie nötig und so wenig wie möglich.

4.3.5 Anfangssituationen in Gruppen

„Auch am Anfang einer langen Reise steht der erste Schritt."
(Lao Tse)

Ähnlich wie das Erstgespräch in der Arbeit mit Einzelnen, Paaren und Familien besonders wichtig ist, da hier Werte und Normen gesetzt werden, die für die weitere Kommunikation bestimmend sind, ist die Gestaltung von Anfangssituationen in Gruppen entscheidend für den weiteren Verlauf der Gruppenarbeit.

Geißler hat aufgelistet, mit welchen (in der Regel unausgesprochenen) Fragen Gruppenmitglieder zu Anfang zusammenkommen:

- „Die *Identitätsfrage*: Wer bin ich in der Gruppe der Beteiligten?
- Die Frage der *Rollenverteilung*: Wer spielt hier welche Rolle? Welche spezifische Rolle kann ich spielen?
- Die Frage nach der *Kompetenz*: Welche Ressourcen meines Wissens und Könnens kann ich einbringen? Welche Kompetenzen haben die anderen Teilnehmer?
- Die *Machtfrage*: Wie ist die informelle Hierarchie in der Gruppe? Wen kann ich beeinflussen? Von wem lasse ich mich beeinflussen?
- Die *Vertrauensfrage*: Wie offen kann ich in der Gruppe sein? Zu wem kann ich offen sein?
- Die *Normenfrage*: Welche Erwartungen hat die Gruppe an mich? Welches Verhalten kann ich mir leisten? Welche Sanktionsmittel haben die einzelnen Gruppenmitglieder, die Kollegen, die Dozenten?" (Geißler/Hege 2007, 216 f.)

Weiterführende Literatur

Geißler, Karlheinz (2005): Anfangssituationen – was man tun und besser lassen sollte

Langmaack, Barbara u.a. (2000): Leinen ... los: die Anfangsphase, S 213 ff., in: Wie die Gruppe laufen lernt

4.3.6 Feedback geben und empfangen

„Ich muss erst die Antwort hören, um zu wissen, was ich gesagt habe." (Wiener)

Nicht was gesagt ist, ist wahr, sondern was ankommt, ist wahr. Die Botschaft entsteht beim Empfänger (nach Schulz von Thun).

In vielen Konzepten zur sozialen Gruppenarbeit, die sich insbesondere mit sozialem Lernen und der Verbesserung der *Fremd- und Selbstwahrnehmung* befassen, spielt das Feedbackgeben eine zentrale Rolle. Feedback ermöglicht der einzelnen Person, mehr über sich selbst und ihre Wirkung in Gruppen zu erfahren und zu überprüfen, ob die Selbsteinschätzung mit der Gruppeneinschätzung übereinstimmt. Viele blinde Flecken über einen selbst können deutlich werden und somit eröffnet sich die Chance zur Verhaltensänderung. Rückmeldungen sind Angebote an den Einzelnen: es bleibt ihm/ihr überlassen, ob er/sie die im Feedback erhaltenen subjektiven Rückmeldungen als Anlass zur Veränderung nimmt oder nicht – einen Zwang dazu darf es nicht geben.

Definition Feedback

Feedback ist eine an eine andere Person gerichtete subjektive Rückmeldung, mit der ich ihm mitteile, wie ich ihr Verhalten (verbal und nonverbal) und Handeln wahrnehme und erlebe, und es dient als Angebot zur Überprüfung.

Feedback dient:

- der Klärung von Beziehungen zwischen Menschen,
- der Korrektur von Verhalten, das in seiner Wirkung auf andere den eigenen Absichten nicht entspricht,
- der Verbesserung der Beziehungen in der Gruppe und damit auch ihrer Effizienz im Arbeitsprozess,
- dem Erkennen von Wirkungen und Gegenwirkungen,
- dem Vergleich von Selbst- und Fremdbild.

Um ein Feedback als positives Angebot zur Verhaltensrückmeldung und -veränderung nutzen zu können, bedarf es gewisser Regeln für Feedback-Geber und Feedback-Empfänger, um sicherzustellen, dass eine Rückmeldung nicht verletzend, kränkend und damit wenig konstruktiv und hilfreich ist.

Feedback-Regeln

für den Feedback-Geber

- Nennen Sie positive und negative Aspekte, hilfreiche und störende Verhaltensweisen; die positiven zuerst.
- Geben Sie keine Wertungen, Anklagen, Interpretationen, Analysen ab, sondern beschreiben Sie das Geschehen und Ihre Reaktion darauf.
- Beschränken Sie Ihr Feedback auf das Hier und Jetzt und unternehmen Sie keine Verallgemeinerungen.
- Geben Sie das Feedback in Ihrem eigenen Namen und nicht stellvertretend für andere.
- Das Feedback soll sich auf Handlungen des anderen und nicht auf seine persönlichen Eigenschaften beziehen.

Für den Feedback-Empfänger

- Entscheiden Sie, ob Sie ein Feedback erhalten wollen oder nicht.
- Hören Sie aufmerksam zu und rechtfertigen Sie sich nicht.
- Fragen Sie nach, wenn Sie etwas nicht verstanden haben.

Zur Umsetzung solcher Feedback-Regeln bedarf es in Gruppen der Übung und „Kontrolle".

Reflexionsfragen

- Welche Chancen liegen für den Einzelnen in einem ehrlichen wertschätzenden Feedback?
- Wann ist ein Feedback wenig hilfreich?

Weiterführende Literatur

Langmaack, Barbara u.a. (2000): Wie die Gruppe laufen lernt, S. 87 ff.

Schulz von Thun, Friedemann (2008): Miteinander reden, Störungen und Klärungen

4.3.7 Das Planen von Gruppenarbeit und das Handeln in Gruppen

Das eine Schiff segelt nach Osten, das andere segelt nach Westen, während genau dieselbe Brise weht. Aber es ist das Segelsetzen und nicht der Sturm, was sie dahin bringt, wohin sie wollen. (Amerikanisches Volkslied)

Für das konkrete Handeln in Gruppen liegen als Arbeitshilfen eine Fülle von Büchern und dokumentierten Praxisbeispielen vor, an denen sich die Gruppenleitung orientieren kann.

Auch der Aufbau einer Gruppenarbeit wird in verschiedene Phasen eingeteilt: Vorbereitung, Durchführung, Auswertung.

Es ist schwierig, allgemeingültige Modelle für das Handeln in Gruppen zu entwickeln, da Zielgruppe, Zielsetzung und Art der Gruppenarbeit sehr unterschiedlich sein können.

Deshalb sollen hier nur einige *allgemeine Kriterien* genannt werden, ansonsten muss die Planung und das Handeln in Gruppen auf die jeweilige spezifische Ausgangslage zugeschnitten werden.

Bezüglich der *Auswahl von Methoden* für die Gruppenarbeit ist es wichtig, dass die Methode immer zum Inhalt passt und auch zeitlich gut geplant ist. Deshalb sollte man diese Methodenbücher nicht wie Rezeptbücher nutzen nach dem Motto: „Auf diese Methode hätte ich mal Lust, das möchte ich einmal ausprobieren". Wird zum Beispiel eine Gruppenarbeit angeboten, bei der die sachliche Informationsvermittlung vorrangig ist, wären gruppendynamische Übungen wenig angebracht. Oder zu Beginn einer Gruppenarbeit, wenn sich die Teilnehmer noch nicht kennen, sind für viele Mitglieder Übungen, die mit engem Körperkontakt verbunden sind, zu intim und deswegen unangenehm.

Fazit: Methoden sind kein Selbstzweck, sondern ein hilfreiches Medium, um das Ziel der Gruppenarbeit zu erreichen.

Weiterführende Literatur für die didaktische Planung von Gruppenarbeit

Langmaack, Barbara u.a. (2000): Wie die Gruppe laufen lernt

Rabenstein, Reinhold/Reichel, René/Thanhoffer, Michael (2004): Das Methoden-Set, 5 Bücher für Referenten und Seminarleiterinnen

Nebel, Georg/Woltmann-Zingsheim, Bernd (1997): Werkbuch für das Arbeiten mit Gruppen

Anregungen für die Planung und Vorbereitung der Gruppenarbeit

Teilnehmerinnen und Teilnehmer

Welche Teilnehmerinnen und Teilnehmer nehmen an der Gruppenarbeit teil, was sind ihre Motive, Wünsche, Interessen, Alter, kultureller Hintergrund, Geschlecht etc.?

Rahmenbedingungen

Wie sehen die Rahmenbedingungen der geplanten Gruppenarbeit aus?
Zeit, Dauer, Finanzen
Gruppenraum, sonstige Räumlichkeiten
Wer macht die Gruppenleitung?

Ziele

Welche Ziele verfolge ich mit der Gruppenarbeit? Was sind die Ziele der Teilnehmerinnen und Teilnehmer? Wie kann ich diese erfahren? Welche Ziele hat der Veranstalter?

Inhalte

Welche Inhalte sollen vermittelt werden? Handelt es sich um eine Gruppe, bei der es um Wissensvermittlung geht, bei der soziales Lernen im Vordergrund steht oder bei der die persönlichen Probleme der Teilnehmer den Inhalt bilden?
(Lerngruppe, Freizeitgruppe, Selbsthilfegruppe?)

Methoden

Welche Methoden kann ich einsetzen, die zum Inhalt „passen“? Wie können dabei die Teilnehmer aktiviert und beteiligt werden?

Vorbereitung

Was muss ich alles vorbereiten?
Einladungsschreiben, Werbung für die Gruppe
z.B.: Vortreffen mit den potenziellen Teilnehmern
Bereitstellung von Medien (technische Medien, Musik, Flip-Chart etc.)
Vorbereitungstreffen der Gruppenleiterinnen und -leiter
Einladung von Referentinnen/Referenten

Auswertung

Auswertung durch die Teilnehmenden (mündlich oder mit Fragebogen)
Sicherung der Lernergebnisse

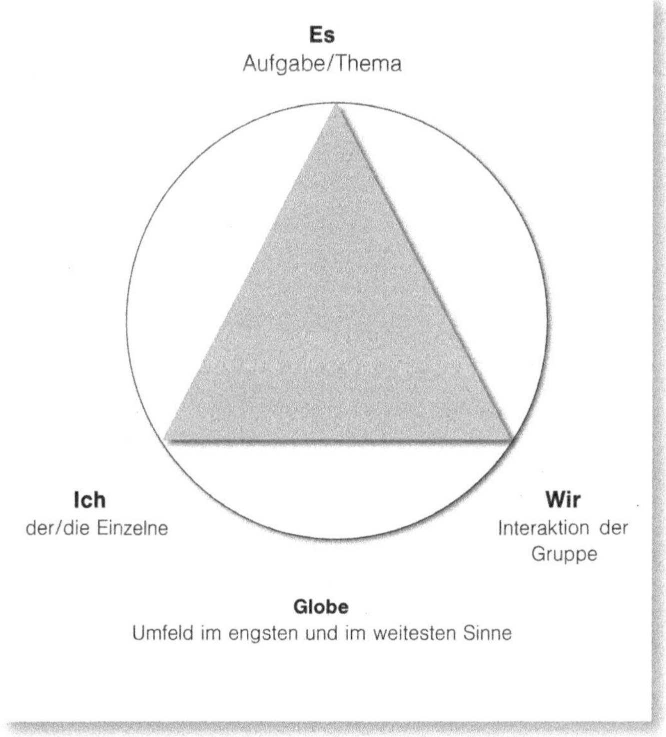

Abbildung 5: Das TZI-Modell

4.4 Die themenzentrierte Interaktion (TZI)

4.4.1 Das Rahmenkonzept

Mit der Methode der TZI hat *Ruth Cohn* (geboren 1912), Psychoanalytikerin, Gruppentherapeutin und Anhängerin der humanistischen Psychologie, ein Gruppenverfahren vorgelegt, das auf aktives, schöpferisches und entdeckendes Lernen zielt und besonders im pädagogischen und sozialen Bereich breite Anwendung findet.

Ruth Cohn will mit ihrer Methode erreichen, dass nicht das Thema in der Gruppenarbeit dominiert, sondern ein ausgewogenes Verhältnis zwischen *Individuum, Gruppe und Thema* hergestellt wird. Durch dieses lebendige Lernen ist nach der Erfahrung von Cohn ein weit effektiveres Lernen und Kommunizieren möglich, indem neben dem Thema Bedürfnisse, Empfindungen und Interessen der Teilnehmenden in den Gruppenprozess eingebracht werden können.

Jede Gruppeninteraktion besteht aus drei Faktoren, die in einer dynamischen Balance zwischen *ICH* (das Individuum, die Persönlichkeit), *WIR* (die Gruppe) und *ES* (die Aufgabe, das Thema) stehen sollen. Cohn stellt dies in einem Dreieck dar (siehe Abb. 5).

Dieses Dreieck befindet sich wiederum in einer konkreten historischen und sozialen Umgebung mit bestimmten gesellschaftlichen Bedingungen, die ebenfalls den Gruppenprozess beeinflussen – der so genannte *GLOBE*. Zu diesem gehören der zeitliche, finanzielle und personelle Rahmen der Veranstaltung, die rechtlichen Bedingungen, die persönlichen, familiären und sozialen Bedingungen der Teilnehmer und schließlich die gesamten Umfeldbedingungen, unter denen die Gruppenarbeit stattfindet.

Definition

Themenzentrierte Interaktion (TZI) ist ein pädagogisch-therapeutisches Konzept und eine Methode für die Arbeit mit Gruppen, mit dem Ziel, die Balance zwischen Ich (Subjekt), Wir (Gruppe), Es (Thema) und Globe (Umwelt) aufrechtzuerhalten oder herzustellen. Ziel ist die persönliche Entwicklung des Individuums und das soziale Lernen in der Gruppe bezogen auf das gemeinsame Thema.

Es ist der Hauptgrundsatz der TZI, die Balance von Ich/Gruppe/Thema/Umwelt herzustellen.

> „Wenn die Gruppe sich mit dem Thema akademisch beschäftigt, erachte ich dieses nur für so lange konstruktiv, als ich keine Zeichen von Interesselosigkeit in der Gruppe entdecke, nicht einzelne Teilnehmer als unbeteiligt oder gestört empfinde, und auch keine anderen generellen Gruppenzerfallssymptome auftauchen. Sonst lenke ich die Aufmerksamkeit vom Thema fort zur Person (Ich) oder zu Personen (Gruppe). Wenn die Gruppe sich umgekehrt nur für eine Person oder für das Aufwallen von verschiedenen Gefühlen in der Gruppe zu interessieren scheint

und sich damit in eine Therapie- oder Sensitivitätsgruppe zu verwandeln droht, schlage ich die Brücke zum Thema ..." (Cohn 2004, 115).

Cohn stellt zur Umsetzung ihrer Zielsetzung zunächst Axiome – ethische Grundsätze der TZI – auf, die als Grundlage zum Verstehen der TZI-Methode wichtig sind und auf humanistisch-politischen Grundsätzen beruhen.

4.4.2 Die Axiome (vgl. Cohn 2004, 120)

Anthropologisches Axiom

Der Mensch ist eine psychobiologische Einheit und Teil des Universums.

Der Mensch ist autonom und interdependent.

Ethisches Axiom

Ehrfurcht gebührt allem Lebendigen und seinem Wachstum (körperlich und geistig).

Pragmatisch-politisches Axiom

Freie Entfaltung geschieht innerhalb bedingender innerer und äußerer Grenzen, die Erweiterung dieser Grenzen ist möglich.

Diese Axiome sind die geistige Fundierung der TZI-Methode und damit unabdingbare Voraussetzung jeder Gruppenarbeit.

4.4.3 Die Postulate (vgl. Cohn 2004, 121)

Darüber hinaus formuliert Cohn Postulate, verstanden als nicht auswechselbare Spielregeln, in denen die Axiome auf einer konkreteren Ebene umgesetzt werden.

1. *Sei Dein eigener Chairman*

   „Übe, Dich selbst und andere wahrzunehmen, schenke Dir und anderen die gleiche menschliche Achtung, respektiere alle Tatsachen so, dass Du den Freiraum Deiner Entscheidungen vergrößerst. Nimm Dich selbst, Deine Umgebung und Deine Aufgabe ernst" (Farau/Cohn 1984, 359).

2. *Störungen haben Vorrang*

„Störungen fragen nicht nach Erlaubnis, sie sind da: als Schmerz, als Freude, als Angst, als Zerstreutheit; die Frage ist nur, wie man sie bewältigt. Antipathien und Verstörtheiten können den Einzelnen versteinern und die Gruppe unterminieren; unausgesprochen und unterdrückt, bestimmen sie Vorgänge in Schulklassen, in Vorständen, in Regierungen. Verhandlungen und Unterricht kommen auf falsche Bahnen oder drehen sich im Kreis. Leute sitzen am Pult und am grünen Tisch in körperlicher Gegenwart und innerer Abwesenheit. Entscheidungen entstehen dann nicht auf der Basis realitätsbezogener Überlegungen, sondern unterliegen der Diktatur von Störungen" (Farau/Cohn 1984, 360).

4.4.4 Die Hilfsregeln

Schließlich gibt es im Gruppenmodell der TZI Hilfsregeln, die situationsbedingt Anwendung finden sollen, um Axiome und Postulate umzusetzen; diese sind austauschbar (vgl. Cohn 2004, 123 ff.).

Beispiele:

- Vertritt dich selbst in deinen Aussagen. Sprich per „ich" und nicht per „man" oder per „wir".
- Versuche, in dieser Sitzung das zu geben und zu empfangen, was du selbst geben oder empfangen möchtest.
- Nur eine/einer spricht zur selben Zeit.
- Wenn du eine Frage stellst, sage, warum du fragst und was deine Frage für dich bedeutet. Sprich für dich und vermeide das Interview.
- Beobachte Signale aus deiner Körpersphäre und beachte diese auch bei anderen Teilnehmern.
- Statt andere zu interpretieren, sprich stattdessen deine persönliche Reaktion aus.

Aufgabe des Gruppenleiters/der Gruppenleiterin

Die Gruppenleitung hat die Aufgabe, den Lernprozess so zu gestalten, dass lebendiges Lernen möglich ist, und sie ist die Hüterin des Gleichgewichtes zwischen ES/ICH/WIR und gibt der Gruppe die notwendige Unterstützung und Hilfe, um die Balance zu erhalten.

Sie muss das Thema so aufbereiten, dass es für alle Teilnehmenden interessant ist und verschiedene Lernzugänge und Lerntypen dabei berücksichtigt werden.

Das Institut WILL (Workshop Institut für lebenslanges Lernen) bietet eine entsprechende Ausbildung in TZI an.

Reflexionsfrage

- Warum fördert die Balance zwischen Ich, Gruppe und Es das positive lebendige Lernen?

Weiterführende Literatur

Cohn, Ruth (2004): Von der Psychoanalyse zur themenzentrierten Interaktion

Cohn, Ruth (1970): Das Thema als Mittelpunkt interaktioneller Gruppen, in: Gruppenpsychotherapie und Gruppendynamik, 3/1970, S. 251 ff.

Löhmer, Cornelia/Standhardt, Rüdiger (2006): TZI – Die Kunst, sich selbst und eine Gruppe zu leiten. Einführung in die Themenzentrierte Interaktion

4.5 Peergroup Education – Jugendliche lernen von Jugendlichen

Ein alter Ansatz wird neu entdeckt. Bereits die Wandervogel-Bewegung (1901-1933) zeigte die starke Wirkung der „Selbsterziehung".

Unter Peergroup ist eine Gruppe Gleichaltriger und Gleichgesinnter zu verstehen, die ähnliche Interessen haben. Insbesondere ältere Kinder und Jugendliche orientieren sich eher an Peers als an Erwachsenen, diese sind damit eine zentrale Sozialisationsinstanz. Dieses Wissen nutzend, haben sich Peergroup-Education-Programme entwickelt, die das Ziel haben, eine positive Peergroup-Kultur zu fördern bzw. zu schaffen. Insbesondere in der Jugendarbeit und in schulischen Sozialisationsfeldern werden Peers für die Arbeit mit Gleichaltrigen ausgebildet, z.B. im Bereich Sexualaufklärung, Sucht-, Gesundheits- und Gewaltprävention.

Es werden sogenannte Streitschlichter und Konfliktlöser eingesetzt, die dann innerhalb der Peergroup eine „Aufklärungsrolle" bzw. eine „Führungsrolle" übernehmen. Jugendliche lernen auf diese Weise, Konflikte untereinander konstruktiv zu lösen, ihre Sozialkompetenz wird entwickelt. Diese Projekte arbeiten ebenfalls ressourcenorientiert und entsprechen den Konzepten des Empowerment.

Die Rolle der pädagogischen Fachkräfte besteht vor allem in der Qualifizierung der Jugendlichen für diese Arbeit und in einer Begleitung bei der Umsetzung.

Weiterführende Literatur

Nörber, Martin (2004): Peer Education

4.6 Erlebnispädagogik: Erleben statt reden[2]

Die Erlebnispädagogik ist ein methodischer Ansatz, der sich sowohl an einzelne Jugendliche wendet als auch in Form von Gruppenangeboten für Jugendliche und zunehmend auch für Erwachsene durchgeführt wird.

Das Konzept geht zurück auf Kurt Hahn (Reformpädagoge, 1886-1974), der erlebnispädagogische Elemente in der Internatsschule Schloss Salem in den Tagesablauf integrierte, um damit eine ganzheitliche Bildung zu realisieren und der geistigen Bildung auch eine „körperliche Ertüchtigung“ zur Seite zu stellen, wie es in dem Motto Lernen durch „Kopf, Hand und Herz“ zum Ausdruck kommt.

Auf Kurt Hahn gehen auch die heute in vielen Ländern existierenden „Outward Bound“-Bildungseinrichtungen zurück.

Wichtige Prinzipien der Erlebnispädagogik sind neben der genannten Ganzheitlichkeit die Ermöglichung von Erfahrungen und Lernen in Situationen mit Ernstcharakter in einer Gruppe im Rahmen einer außergewöhnlichen „Erlebnis“situation.

Erlebnispädagogik ist eine handlungsorientierte Methode und will durch exemplarische Lernprozesse, in denen junge Menschen vor physische, psychische und soziale Herausforderungen gestellt werden, diese in ihrer Persönlichkeitsentwicklung fördern und sie dazu befähigen, ihre Lebenswelt verantwortlich zu gestalten“ (Heckmair/ Michl 2008).

Die Umsetzung findet heute vor allem in zwei Bereichen statt:

1. erlebnispädagogische *intensive Einzelmaßnahmen* für Jugendliche, die durch andere Hilfen nicht mehr erreicht werden können und die

durch eine Kontrasterfahrung (in der Regel im Ausland) wieder zu sich selbst finden und in ihrer Persönlichkeitsentwicklung gestärkt werden sollen. Diese therapeutischen Maßnahmen beziehen sich häufig auf Jugendliche, die in Einrichtungen der Erziehungshilfe gescheitert sind, straffällig gewordene Jugendliche, Jugendliche, die Drogen konsumieren, gewalttätige Jugendliche. Diese individualpädagogischen Maßnahmen setzen auf die Wirkung des Erlebnisses fern des eigenen Milieus und in Distanz zum bisherigen Alltag. Insbesondere die Beziehung zwischen Betreutem und Betreuer ist dabei zentral. Dem Jugendlichen sollen Selbstwirksamkeitserlebnisse ermöglicht werden, er soll wieder Handlungskompetenz über sein Leben gewinnen.

2. *Gruppenangebote* für Jugendgruppen zur Förderung der sozialen Kompetenz insbesondere im Umgang mit Konflikten. Jugendliche erleben dabei die Erweiterung ihrer Grenzen, sie werden selbst initiativ und machen neue Gruppenerfahrungen, die die Selbst- und Fremdwahrnehmung sensibilisieren.
   Klassische Bereiche: Natursportarten wie Klettern, Reiten, Radfahren, Segeln, Kanufahrten, Höhlenerkundung.
   Bei diesen Maßnahmen handelt es sich meistens um kurzzeitpädagogische Kurse in der offenen Jugendarbeit oder z.B. für Schulklassen, teilweise aber auch um längerfristige Projekte.

In den letzten Jahren werden erlebnispädagogische Elemente auch in der Teamentwicklung und im Training im Rahmen der Schulung von Führungskräften und Mitarbeitern eingesetzt. Ziel hierbei ist ebenfalls die Erhöhung der kommunikativen Kompetenz und die Kooperation im Team.

Weiterführende Literatur

Heckmair, Bernd/Michl, Werner (2008): Erleben und Lernen, Einführung in die Erlebnispädagogik

Klawe, Willy/Bräuer, Wolfgang (2001): Erlebnispädagogik zwischen Alltag und Alaska

5

5. Konzepte für die Arbeit in Sozialräumen

„Wenn Du ein Schiff bauen willst, so trommle nicht Männer zusammen, die Holz beschaffen, Werkzeuge vorbereiten, Aufgaben vergeben und Arbeit einteilen, sondern lehre die Männer die Sehnsucht nach der großen, weiten Welt."
(A. de Saint-Exupéry)

Zusammenfassung: In diesem Kapitel werden die Wurzeln und Prinzipien der Gemeinwesenarbeit beschrieben und es wird auf die Weiterentwicklung in Konzepten der Sozialraumorientierung und Stadtteilorientierung eingegangen. Gegenwärtig finden diese Ansätze eine besondere Beachtung im „Quartiersmanagement", welches abschließend beschrieben wird.

5.1 Gemeinwesenarbeit (GWA)

Im Vergleich zur Einzelhilfe und zur Gruppenarbeit bezieht sich GWA nicht auf einzelne Personen oder Personengruppen, sondern auf räumlich abgegrenzte Gebiete, soziale Gemeinwesen bzw. Stadtteile *und* die in ihnen lebenden Bewohnerinnen und Bewohner. Für die Vertreter der GWA (insbesondere Hinte und Oelschägel) ist GWA von daher ein zentrales Arbeitsprinzip. „GWA wurde in dieser Konzeption als Chiffre betrachtet für ein komplexes Bündel theoretischer und methodischer

Aussagen für damals ‚fortschrittliche Sozialarbeit', die als konzeptionelle Grundlage für soziale Arbeit in allen denkbaren Berufsfeldern dienen sollte." Sie wurde explizit nicht als Methode verstanden (Hinte u.a. 2007, 8). Das Verständnis von GWA als dritte Methode hielt sich jedoch hartnäckig, gekoppelt mit einer eher geringen Umsetzung in der Praxis, zu groß waren die Vorbehalte und Skepsis gegenüber diesem aus der „linken Sozialarbeitsbewegung" kommenden Ansatz.

Soziale Probleme und ihre Bearbeitung durch Soziale Arbeit lassen sich nicht einseitig durch die Arbeit mit den betroffenen Menschen beseitigen oder mildern, sind es doch oft die Lebensverhältnisse und Lebensbedingungen, die zu den – individuell sich auswirkenden, aber gesellschaftlich bedingten – sozialen Problemen führen. Sozial benachteiligte Wohngebiete mit schlechter Infrastruktur und unzureichenden Versorgungsangeboten führen so zu benachteiligten Lebenschancen und erfordern ein Arbeiten nicht nur *mit* den Personen, dem „*Fall*", sondern *am System*, im Feld, um eine Verbesserung von Lebensbedingungen – auch auf sozialpolitischer Ebene – zu erzielen. Insofern wurde die GWA lange Zeit als die einzige politische Methode angesehen, thematisiere sie doch die Ursachen sozialer Benachteiligung und versuche auch diese in ihr Handlungskonzept zu integrieren, während den beiden anderen Methoden, der Einzelhilfe und der Gruppenarbeit, häufig der Vorwurf gemacht wurde, die Menschen nur an die schlechten Lebensverhältnisse anzupassen. Heute wird dieses gegenseitige Ausspielen unterschiedlicher methodischer Ansätze in der Sozialen Arbeit weitgehend zugunsten einer Methodenintegration abgelehnt (vgl. 2.3.1).

5.1.1 Zur Geschichte der GWA

Viele Autoren sehen den Ursprung der Gemeinwesenarbeit in der Settlementbewegung in Englands Elendsvierteln Ende des 19. Jahrhunderts (z.B. Toynbee Hall in London von S. Barnett): Hier wurde versucht, stadtteilbezogene Strategien Sozialer Arbeit zu praktizieren, die Konzeption wurde für Amerika z.B. von Jane Addams im Hull House in Chicago übernommen.

Die GWA reagierte dabei auf die durch die Industrialisierung entstehenden Slums und Elendsviertel in Großstädten (community organisation) und in Amerika auf die Probleme in neu entstehenden landwirtschaftlichen Entwicklungsgebieten mit unerschlossenen Gemeinwesen (community development). In beiden Varianten erhielt der Gemeinwesenarbeiter/die -arbeiterin die Rolle des Organisators, Beraters und Unterstützers. Die betroffenen Menschen sollten unter der Prämisse der „Hilfe zur Selbsthilfe“ in ihrer Eigeninitiative gefördert werden.

Ganzheitliche Hilfen und Methodenintegration

Bemerkenswert war bei diesen von humanistisch geprägten Intellektuellen (vor allem Frauen) entstandenen Initiativen, dass eine Verbindung von Einzelhilfe, Gruppenarbeit, Erziehungs- und Bildungsangeboten und sozialräumlichen Strategien zur Verbesserung der Lebensbedingungen praktiziert wurde und darüber hinaus sozialpolitische Aktivitäten in Angriff genommen wurden.

In Deutschland entstanden erste Nachbarschaftsheime um 1911 und später vor allem im Kontext der Arbeiterbewegung Ende der 20er/Anfang der 30er Jahre im Sinne von Selbsthilfeorganisationen.

Nach dem Zweiten Weltkrieg wurde im Rahmen der Re-education-Programme die Nachbarschaftsheimbewegung wieder aufgegriffen (z.B. durch Herta Kraus), fiel aber bald – bis auf einige Ausnahmen – in Vergessenheit. Erst im Zuge der Studentenbewegung und einer Repolitisierung Sozialer Arbeit wurde die GWA als Methode „wieder“ entdeckt. Besonders in sogenannten sozialen Brennpunkten, in denen viele Menschen ohne Arbeit, mit Sozialhilfebezug unter schlechten Wohnverhältnissen lebten, stießen sie damit vielerorts Reformen an. Allerdings häuften sich im Zuge des Endes der von Willy Brandt unter dem Motto „Mehr Demokratie wagen“ ausgerufenen Reformära die Auseinandersetzungen zwischen Sozialarbeitern und Anstellungsträgern und führten nach vielen – auch vor den Arbeitsgerichten ausgetragenen – Konflikten häufig zu einem Ende der Gemeinwesenarbeit, zumindest der sich politisch verstehenden Konzepte.

Weiterführende Literatur

Müller, C. Wolfgang (2006): Wie Helfen zum Beruf wurde, Kapitel 10

Addams, Jane (1913): Zwanzig Jahre soziale Frauenarbeit in Chicago

Alinsky, Saul D. (1974): Die Stunde der Radikalen, Strategien und Methoden der Gemeinwesenarbeit

5.1.2 Zum Begriff der GWA

Bei einer Definition von GWA sind folgende Faktoren bedeutsam:

1. GWA bezieht sich auf ein größeres Netzwerk von Menschen, die
   - entweder *territorial* zusammengehören (Stadtteil, Nachbarschaft, Straßenzug ...) oder
   - *kategorial* einer bestimmten Bevölkerungsgruppe angehören (kulturell bedingt, altersbedingt, geschlechtsbedingt) oder
   - *funktional* abgrenzbar sind (z.B. in Hinblick auf Wohnsituation, Arbeitslosigkeit).
2. *Soziale Probleme*, die Ausgangspunkt sind für die Initiierung von GWA, werden in ihrem gesellschaftlichen Kontext wahrgenommen und nicht individualisiert, bei der Wahl der Handlungsstrategien wird eine Methodenintegration angestrebt: Ziel ist die umfassende Verbesserung der materiellen, ökonomischen, politischen, kulturellen und psychosozialen Lebensbedingungen der Menschen in einem Milieu.
3. GWA will „Hilfe zur Selbsthilfe" und *Solidarisierungsprozesse* unterstützen und die Bevölkerung zur Beteiligung an der Problemlösung aktivieren, indem vorhandene *Ressourcen* erkannt und genutzt werden (Empowerment-Ansatz).
4. Gemeinwesenarbeit bedarf dabei der Unterstützung durch Fachkräfte, Bündnispartner und Berater, die statt fürsorgerischer Betreuung *Hilfe zur Selbsthilfe* ermöglichen.

Folgende *Definition von GWA* in Anlehnung an Belardi trägt diesen Merkmalen Rechnung:

Gemeinwesenarbeit (GWA) meint soziale Aktion von Menschen,

- die durch räumliche Nähe miteinander verbunden sind,
- die durch gemeinsame Problemlagen aufgrund äußerer Bedingungen benachteiligt sind,
- die durch gemeinsames Planen und Handeln ihre Benachteiligungen aufzuheben versuchen,
- die in Kommunikationsprozessen ihre Fähigkeiten zur Verbesserung ihrer Situation einsetzen.

Hinte weist darauf hin, dass Gemeinwesenarbeit heute in enger Verbindung mit Quartiersmanagement zu sehen ist: „Gemeinwesenarbeit ist ein zentrales Arbeitsfeld insbesondere im kommunalen Quartiersmanagement. Hier kooperiert Gemeinwesenarbeit mit intermediären Akteuren und Gebietsbeauftragten innerhalb der Verwaltung, um ‚benachteiligte' Quartiere im Sinne der dort lebenden Bevölkerung zu gestalten" (Hinte 2007, 380).

5.1.3 Zur Konzeption der GWA

Typische Arbeitsfelder für GWA sind soziale Brennpunkte, die heute auch als „Quartiere mit Entwicklungsbedarf" bezeichnet werden:

- Obdachlosensiedlungen, Schlichtbauwohnungen, Slums
- Neubausiedlungen, insbesondere Hochhaussiedlungen
- Altbauviertel mit Sanierungsbedarf

Typische Gegenstandsbereiche von GWA und Stadtteilarbeit sind:

- Mietprobleme, Umsetzungen und Hausverkäufe
- Sanierungsbedarf der Wohnungen
- Verkehrsfragen/Verkehrsberuhigung
- Bau von Spielplätzen und Ausbau von Kinderbetreuungsangeboten
- Treffpunkte und Angebote für Jugendliche
- öffentliche Dienstleistungen und Infrastruktur
- Konflikte zwischen Mietern, sozialer Unfrieden
- soziale Entmischung

Ziele der GWA

Grundlegende Zielsetzung der GWA ist die *Aktivierung* der betroffenen Bürgerinnen und Bürger für ihre Belange und die Befähigung zur eigenständigen *Interessenvertretung*, insofern spielt das unter 3.5 beschriebene Empowermentkonzept in der GWA eine zentrale Rolle, mit den Zielen:

- Verbesserung der sozialen Lebensbedingungen
- Entwicklung und Umsetzung von Modellen der Bürgerbeteiligung/Partizipation
- Entwicklung und Ausbau sozialer Netze
- Verbesserung der Kommunikationsstruktur
- Entwicklung kultureller Angebote
- Wohnumfeldverbesserung

- Kooperation mit und Koordination der Fachbasis
- Verhinderung von Obdachlosigkeit und sozialen Brennpunkten
- Unterstützung der Entwicklung der lokalen Ökonomie
- Einfluss auf Stadt- und Regionalplanung

Oberstes Ziel der GWA ist dabei die *soziale Emanzipation* der Bewohnerschaft, verstanden als Prozess, der von Bedingungen, die diese Benachteiligung verursachen, befreit. Diese Befreiung geschieht durch Beteiligung der Betroffenen an diesem Prozess.

In der Praxis existieren jedoch sehr unterschiedliche Konzepte zur Umsetzung dieser Ziele, und nicht in allen steht die tatsächliche Emanzipation der Bewohnerschaft im Vordergrund.

Die drei klassischen Zugänge

Die Auseinandersetzung um theoretische Konzepte in der GWA kristallisiert sich um die Einschätzung, ob diese Konzepte eher als systemstabilisierend oder systemsprengend einzustufen sind.

Konzepte der wohlfahrtsstaatlichen GWA und der integrativen GWA werden dem ersten Ansatz zugeordnet: eine Verbesserung der sozialräumlichen Ausstattung von Wohnquartieren durch einen kooperativen Dialog der beteiligten Gruppen ohne eine gesellschaftskritische Perspektive stehe im Mittelpunkt dieser Ansätze.

Die aggressive GWA basiere dagegen auf einer Gesellschaftsanalyse, die davon ausgeht, dass ein Gemeinwesen kein harmonisches Ganzes ist, sondern Interessengegensätze herrschen, und dass deshalb die Betroffenen eine „Revolution von unten“ starten müssen, um ihre Lebenssituation zu verbessern. Politische Einmischung, Provokation (disruptive Techniken), politische Gegenmacht und Kampf gegen herrschende Machtstrukturen sind die zentralen Momente dieser Konzepte. Ihr bekanntester Vertreter ist der aus den USA stammende Saul Alinsky.

Im Folgenden die drei klassischen Ansätze im Überblick:

1. *Wohlfahrtsstaatliche Gemeinwesenarbeit*

Ziel: Verbesserung des Dienstleistungsangebotes der im Wohnviertel tätigen Institutionen, Knüpfen von Kontakten zu anderen am Ort arbeitenden Institutionen, Koordination der Hilfen für die Bewohner

Klient: bleibt passiver Empfänger von sozialstaatlicher Fürsorge

Planung: von oben nach unten, kaum Bürgerbeteiligung

Kritik: verdecktes System sozialer Anpassung an bestehende Verhältnisse

2. *Integrative Gemeinwesenarbeit*

Ziel: Integration als Möglichkeit einer harmonischen Anpassung vorhandener Interessen an ein auf gemeinsamen Wertvorstellungen basierendem Gemeinwohl; Identifizierung mit dem Gemeinwesen

Methode: kooperative Taktiken, sachliche Kompromisse, „vernünftige" Gespräche

Klient: wird vom Gemeinwesenarbeiter gelenkt, kein gleichberechtigter Partner

Planung: liegt in Händen der Experten, aber Anhörung der Betroffenen

Kritik: soziale Ungleichheit wird negiert, gesellschaftliche Ursachen für lokale Probleme werden nicht gesehen, idealistisches Gesellschaftsmodell

3. *Aggressive Gemeinwesenarbeit*

Ziel: Veränderung von Kräfteverhältnissen und Machtstrukturen innerhalb eines Wohnquartiers durch solidarischen Zusammenschluss von Minderheiten, gerechtere Verteilung von Macht und Herrschaft zugunsten benachteiligter Bevölkerungsgruppen

Methode: „Revolution" von unten, Aufbau von „Gegenmacht", „disruptive" Taktiken = Verletzung von Verkehrssitten, Verletzung gesetzlicher Normen (Alinsky/Specht)

Klient: steht im Mittelpunkt, ist der aktive Teil

Planung: geht von den Bewohnern aus

Kritik: Überschätzung der Möglichkeiten, Minderheiten im Stadtteil zu aktivieren

Weiterführende Literatur

Hinte, Wolfgang/Karas, Fritz (1989): Studienbuch Gruppen- und Gemeinwesenarbeit

Hinte, Wolfgang (2002): Von der Gemeinwesenarbeit über die Stadtteilarbeit zur Initiierung bürgerlichen Engagements, in: Thole, Werner (2005): Grundriss Soziale Arbeit

Gemeinwesenarbeit und der Stadtteil

Die Lebensbedingungen in Gemeinwesen haben sich in den letzten Jahrzehnten so dramatisch verändert, dass sich viele gewachsene Strukturen aufgelöst haben mit dem Ergebnis, dass der einzelne Bewohner/die Bewohnerin weniger eingebunden ist und isolierter lebt. Dieser Prozess ist nicht nur in Großstädten, sondern auch in ländlichen Gebieten zu beobachten.

Der Begriff der *Stadtteilorientierung* oder stadtteilbezogenen Sozialen Arbeit hat vielerorts den Begriff der GWA ersetzt. Der Stadtteil wird verstanden als überschaubarer *sozialräumlicher Zugang* zu den Problemlagen der Menschen in einem Quartier oder Milieu, der Stadtteil wird zum übergreifenden organisatorischen Prinzip Sozialer Arbeit. Stadtteilarbeit versteht sich als „organisierte Interessenvertretung" ihrer Bewohnerinnen und Bewohner und greift die ökonomischen, kulturellen und infrastrukturellen Bedingungen vor Ort auf, mit dem Ziel, die Wohn- und Lebensqualität der Bewohnerschaft zu verbessern.

Stadtteilarbeit versteht sich dabei als ein *Arbeitsprinzip*, bei dem alle im Stadtteil vorhandenen sozialen Institutionen, Organisationen und Initiativen ihre Angebote koordinieren, vernetzen und methodenintegrativ arbeiten. Damit soll Bürgernähe hergestellt werden einhergehend mit einer Dezentralisierung sozialer Dienste. Die ausschließliche räumliche Verlagerung sozialer Dienste alleine ist jedoch nicht gleichzusetzen mit Sozialraumorientierung.

Gleichzeitig sollen zwischen den Bewohnerinnen und Bewohnern wieder soziale Netze und Kontakte hergestellt werden, um das Prinzip der Hilfe zur Selbsthilfe bzw. das Empowerment-Konzept zu realisieren. Es geht „um die Organisation von projekt- und themenunspezifischen Prozessen in Wohnquartieren, und zwar über eine Vielzahl von Aktivierungsaktionen anhand direkt geäußerter ... Interessen der Wohnbevölkerung mit dem Ziel einer „Grundmobilisierung" eines Wohnquartiers, die den „Humus" für größere Einzelprojekte darstellt" (Hinte u.a. 2007, 11).

Von der Gemeinwesenarbeit zur Sozialraumorientierung

Hinte begreift die Ersetzung von GWA durch den Begriff der Sozialraumorientierung als eine Strategie, um vom negativen Image der

GWA abzukommen und durch einen relativ unverbrauchten Begriff zu ersetzen, der in der institutionellen Sozialen Arbeit anschlussfähig sei. In diese fließen allerdings auch, so Hinte, ebenso neuere Erfahrungen und Präzisierungen ein wie die Traditionslinien der GWA (vgl. Hinte u.a. 2007, 8 f.).

Weiterführende Literatur

Hinte, Wolfgang (1985): Von der Gemeinwesenarbeit zur stadtteilbezogenen Sozialen Arbeit, in: Brennpunkte Sozialer Arbeit

Hinte, Wolfgang/Lüttringhaus, Maria/Oelschlägel, Dieter (2007): Grundlagen und Standards der Gemeinwesenarbeit

5.1.4 Die zentralen methodischen Grundlagen der GWA und Stadtteilarbeit

Prinzipien der Sozialraumorientierung und Aktivierung

Hinte benennt folgende Grundprinzipien:

1. „Ausgangspunkt jeglicher Arbeit sind der Wille/die Interessen der leistungsberechtigten Menschen.
2. Aktivierende Arbeit hat grundsätzlich Vorrang vor betreuender Tätigkeit.
3. Bei der Gestaltung von Arrangements spielen personale und sozialräumliche Ressourcen eine wesentliche Rolle.
4. Aktivitäten sind immer zielgruppen- und bereichsübergreifend angelegt.
5. Vernetzung und Integration der verschiedenen sozialen Dienste sind Grundlage für nachhaltig wirksame soziale Arbeit“ (Hinte u.a. 2007, 9).

Die Parallelen zu den folgenden Prinzipien der GWA werden deutlich:

Prinzipien der GWA

- Oberstes Prinzip: erst Information – dann Aktion
- Informationsgewinnung durch Stadtteilanalyse und aktivierende Bürgerbefragung
- Beteiligung der Betroffenen/Partizipationskonzepte

- Zusammenarbeit mit Schlüsselpersonen und informellen Führern
- Planung und Durchführung gemeinsamer Aktionen
- die Nutzung disruptiver Taktiken

Methodische Arbeitsschritte der GWA und Stadtteilarbeit

Das klassische Vorgehen in der GWA lässt sich in drei Hauptschritte unterteilen:

1. Datensammlung
   1.1 Voruntersuchung
   - Motive für die Arbeit
   - Welche Probleme sollen aufgegriffen werden?
   - Welche Ziele sollen erreicht werden?
   - Welche Ressourcen – finanziell und personell – sind vorhanden?
   - Welches Anliegen hat der Träger/die Kommune?

   1.2 Hauptuntersuchung
   - Stadtteilanalyse (siehe unten)
   - Expertenbefragung (berufliche und amtliche Funktion im GW)
   - Betroffenenbefragung – aktivierende Befragung (Motivation zur Mitarbeit)
   - teilnehmende Beobachtung
2. Problemdefinition und Zielformulierung
   - Versammlung und Gruppenbildung
   - Soll-Analyse
   - Ideen der Bevölkerung und Gruppen
   - Ziele formulieren
3. Aktion und Umsetzung

Stadtteilanalyse

1. Ist-Analyse/Sammeln von Fakten

- Häuser, Straßen, Geschäfte, Kneipen, Verkehr
- Freizeit- und Erholungsmöglichkeiten
- soziale Infrastruktur (freie und öffentliche Träger, Ärzte, Kindertageseinrichtungen, Schulen, Bürgertreffs ...)
- Wohnsituation (Bestand, Qualität, Größe ...)
- Arbeitsplätze

- Bevölkerungsstruktur (Kinder, Jugendliche, Alleinerziehende, alte Menschen, Menschen mit Migrationshintergrund, Sozialhilfeempfänger ...)
- äußere Beschaffenheit (Spielplätze, Grünflächen, Freizeitmöglichkeiten)

2. Interaktion der Bürger, soziales und emotionales Klima

- Treffpunkte, Versammlungsmöglichkeiten: Meinung der Bürger dazu
- Integration verschiedener Bevölkerungsgruppen
- Was ärgert Bürger?
- Führer (offiziell und auch informell)
- örtliche Gruppen
- nachbarschaftliche Verkehrsformen
- Mehrheiten/Minderheiten

Weiterführende Literatur

Lüttringhaus, Maria/Richers, Hille (2003): Handbuch Aktivierende Befragung

5.2 Quartiersmanagement und integriertes Stadtteilmanagement

Eine Renaissance erfährt die GWA derzeit durch das Quartiersmanagement oder kooperatives Stadtteilmanagement. Dieses Konzept intendiert neue Ansätze in der Stadtteilentwicklung mit dem Ziel *nachhaltiger* Verbesserungen.

Besonders in Großstädten ist eine Zuspitzung in benachteiligten Stadtgebieten zu beobachten: Die Schere zwischen Reichtum und Armut zeigt sich hier deutlich und die Gefahr der Ghettobildung droht dort, wo benachteiligte Menschen leben. Wohngebiete mit schlechter Bausubstanz, ungünstigen Umweltbedingungen und unzureichender Infrastruktur erleben eine Zunahme an Drogenmissbrauch, Vandalismus, Kriminalität und politischer Radikalisierung sowie eine Häufung von Menschen, die von Arbeitslosigkeit betroffen sind oder von Sozialhilfe leben, was zu zunehmenden Spannungen und einer Bedrohung des „sozialen Friedens“ in diesen Milieus führt.

Vor diesem Hintergrund sind Projekte zur sozialen Stadterneuerung entstanden, die durch das Bund-Länder-Projekt „Gemeinschaftsinitiative Soziale Stadt“ unterstützt werden. Es geht um eine *Bündelung der Anstrengungen* im Bereich Wohnungssanierung und -neubau, Jugend- und Sozialhilfe, Wirtschaftsförderung, Ausbildungs- und Arbeitsförderung sowie die Integration verschiedener Kulturen.

Aufgaben für diese „integrierten Stadtteilerneuerungsprogramme“ nach Thies:

- „Aktivierung der Bewohnerinnen und Bewohner, Verbesserung der Bürgermitwirkung und des Stadtteillebens,
- Stärkung der lokalen Wirtschaft, Verbesserung der Arbeitsmarktschancen der Bewohner und Bewohnerinnen,
- Verbesserung der sozialen, kulturellen und ökologischen Infrastruktur,
- städtebauliche Stabilisierung und Entwicklung des Stadtteils,
- Verbesserung der Wohn- und Lebensbedingungen“ (Thies 2000, 621).

Als zentral für das Gelingen solcher Konzepte wird angesehen, dass die beteiligten Akteure ihre Ressourcen bündeln und gemeinsam, *kooperativ* die Stadtteilentwicklung planen und umsetzen.

Zu den *zentralen Akteuren* zählt Thies:

- die Bewohnerinnen und Bewohner der Stadtteile,
- Vertreterinnen und Vertreter der Stadtpolitik,
- kommunale Fachverwaltungen,
- örtliche Unternehmerinnen/Unternehmer, insbesondere Wohnungsbauunternehmen,
- Beschäftigungsträger,
- Träger der Sozialen Arbeit (vgl. Thies 2000, 623).

Für die beteiligten sozialen Fachkräfte ergeben sich damit für ihre Berufsrolle neue Herausforderungen: Sie sind die *Experten für die Aktivierung der Bürgerinnen und Bürger* und für die Mobilisierung von vorhandenen und zu schaffenden Ressourcen und sie sind Instanz *anwaltlicher Interessenvertretung* der Bewohnerschaft.

> „GWA organisiert Kommunikation und Initiativen unter den Stadtteilakteuren aus den unterschiedlichen Quartieren. Durch

> ihre Nähe und Verankerung in den verschiedenen Milieus und Quartieren kann sie bereits vorhandene Initiativen leichter aufspüren bzw. ggf. deren Entstehung durch gezielte Unterstützung fördern. Zu ihren Stärken gehören die Mobilisierung der Quartiers- und Stadtteilakteure zur Beteiligung an politischen Willensbildungsprozessen und die Unterstützung insbesondere der benachteiligten Gruppen bei der Artikulierung ihrer Bedürfnisse ... GWA ist ... in erster Linie Hilfsinstrument zur Vermittlung, um Planung, Entwicklung und Projektgestaltung transparenter, bürgernäher und effektiver zu gestalten" (Thies 2000, 629).

Insofern benötigen die sozialen Fachkräfte neben den bekannten Methoden der GWA Kompetenzen für die Kooperation und Vernetzungsarbeit mit verschiedenen Fachkräften und Berufsgruppen und Entwicklungs-, Planungs- und Leitungsqualifikationen für die Felder der Gemeinwesenentwicklung. In der Diskussion um Sozialraumorientierung wurde bisher der Fokus vor allem auf den (groß)städtischen Bereich gelegt.

Alisch/May und andere legen Fallstudien vor, die sich insbesondere auch auf den ländlichen Raum beziehen. In einer weiteren Veröffentlichung wird die partizipative Sozialraumentwicklung insbesondere unter der Frage notwendiger Kompetenzen diskutiert und ein zentraler Wert auf transdisziplinäre Projekte gelegt. Dies bedeutet, dass die unterschiedlichen Perspektiven auf den Sozialraum aus der Sichtweise der Politik, der Verwaltung, der Wirtschaft, der Institutionen, der Bewohner selbst insgesamt gesehen und in eine demokratische Gesamtstrategie einbezogen werden.

Für die Methodenkompetenz der sozialen Fachkräfte gewinnt damit die *Kooperation in interdisziplinären Teams* ebenso eine wachsende Bedeutung wie die Umsetzung von Partizipationskonzepten.

Reflexionsfrage

- Welche besonderen Chancen liegen in stadtteilorientierten Ansätzen im Vergleich zur Einzelhilfe und Gruppenarbeit? Was ist das Spezifische?

Weiterführende Literatur

Alisch, Monika/May, Michael (2008): Fallstudien in ländlichen und urbanen sozialen Räumen

Alisch, Monika/May, Michael (2008): Kompetenz im Sozialraum: Sozialraumentwicklung und -organisation als transdisziplinäres Projekt

Deutsches Institut für Urbanistik (DIFU) (1999): Arbeitspapiere zum Bund-Länder-Programm „die soziale Stadt"

Klöck, Tilo (Hrsg.) (1998): Solidarische Ökonomie und Empowerment. Gemeinwesenarbeit Jahrbuch 6

Thies, Reinhard (2000): Kooperatives Stadtteilmanagement und Gemeinwesenarbeit, in: Zeitschrift für Sozialreformen, H. 7/2000, S. 620 ff.

Thies, Reinhard: Soziale Stadterneuerung in gefährdeten Wohngebieten. Präventionsstrategien durch Quartiersarbeit und kooperatives Stadtteilmanagement, in: Teske, Irmgard/Gögercin, Süleyman: Quartierarbeit als neue Herausforderung für Soziale Arbeit, in: Sozialmanagement, H. 4/2000, S. 32 ff.

6

6. Konzepte für die aufsuchende Arbeit

„Die Tatsachen, die ihr finden werdet, entsprechen immer der Art, wie ihr nach ihnen fragt." (Michael Ende, Der gläserne Zaun)

ZUSAMMENFASSUNG: Als „vierte Kraft" neben Einzelhilfe, Gruppenarbeit und Gemeinwesenarbeit wird die aufsuchende Arbeit verstanden, die sich sowohl an Einzelne als auch an Gruppen wendet und besonders niedrigschwellig arbeitet. Entstehungshintergründe und Arbeitsprinzipien werden in diesem Kapitel aufgezeigt.

6.1 Zur Geschichte

Auch wenn die Streetwork in der Bundesrepublik erst Ende der 80er Jahre breite Anwendung fand, hat sie doch eine längere Tradition. Bereits in der Weimarer Republik wurden sog. offene Hilfen als wichtiger Teil der Fürsorge beschrieben und insbesondere der klassische Hausbesuch hatte den Charakter aufsuchender Arbeit.

In den 70er Jahren gab es in der Bundesrepublik – ermutigt durch entsprechende Erfahrungen z.B. in verschiedenen europäischen Ländern und den USA – erste Umsetzungsansätze mit dem Konzept „Detached Youth Work" (vgl. Kiebel 1995, 21 ff.).

So wurden z.B. in Hamburg 1973 im Bereich der Drogenarbeit fünf Streetworkerstellen besetzt. Die Aufgaben im Außendienst beschränkten sich zunächst auf Erst- und Kurzkontakte und dienten der Zuführung der Klienten in die Beratungsstelle. Weitere Beispiele (vgl. Kiebel 1995, 22) belegen die Ausdehnung der Methode nicht nur in der Drogenszene, sondern auch in der Arbeit mit jugendlichen Randgruppen, im Obdachlosenmilieu und im Prostitutionsbereich. Einige Autoren sehen in der aufsuchenden Arbeit die Etablierung einer vierten Methode neben Einzelhilfe, Gruppenarbeit und Gemeinwesenarbeit.

So erfährt Ende der 80er und zu Beginn der 90er Jahre die aufsuchende Arbeit einen enormen Entwicklungsschub, bedingt durch die Zunahme gesellschaftlicher „Problemgruppen" und sozialer Problemlagen gepaart mit der Unfähigkeit, mit herkömmlichen Arbeitsformen diese Zielgruppen und ihre Sozialräume zu erreichen.

6.2 Zum Begriff der aufsuchenden Arbeit

Bei der „Komm-Struktur" herkömmlicher Sozialarbeit ergibt sich für diese Klientengruppen eine „Schwellenangst", die häufig zu einem Ausschluss von der Hilfe führt, während bei der „Geh-Struktur" der aufsuchenden Konzepte versucht wird, in der Lebenswelt der Betroffenen direkt zu agieren. Die aufsuchende Arbeit etabliert sich mehr und mehr als vierte methodische Kraft, und ihr gelingt es, zu einem Verständnis von Methodenintegration (auch Intermethodik) wesentlich beizutragen und einen *lebensweltnahen, niedrigschwelligen Arbeitsansatz* zu praktizieren.

Die Kontaktaufnahme zu den potenziellen Klienten in deren Lebenswelt gestaltet sich dabei aufgrund der erwähnten schlechten Erfahrungen als schwierig und verlangt von der sozialen Fachkraft großes Einfühlungsvermögen, Geduld und den schrittweisen Aufbau eines Vertrauensverhältnisses. Erst dann sind längerfristige Hilfsangebote seitens der sozialen Fachkraft sinnvoll und umsetzbar.

Definition von Streetwork nach Gref

> „Streetwork bezeichnet eine methodische Vorgehensweise innerhalb verschiedener Praxisfelder der Jugend- und Sozialarbeit. Streetwork ist eine Kontaktform im Sinne aufsuchender Arbeit. Streetworker arbeiten nicht nur in den Räumen einer Institution,

sondern begeben sich (auch) in das unmittelbare Lebensumfeld ihrer Zielgruppe, indem sie deren informelle Treffpunkte aufsuchen ..." (Gref in Becker/Simon 1995, 13).

Dabei wird aufsuchende Arbeit sowohl im Sinne von *Einzelhilfe* praktiziert, indem z.B. die soziale Fachkraft Drogenkonsumenten, Prostituierte oder wohnungslose Jugendliche direkt in der Szene aufsucht und einzeln anspricht. Aber auch in der *Arbeit mit Gruppen* existieren aufsuchende Zugänge zu den Klientengruppen, z.B. in der Arbeit mit Fan-Gruppen oder in der Arbeit mit gewaltbereiten Jugendlichen.

In der Regel sind Streetwork-Projekte Angebote für besonders gefährdete Rand- und Risikogruppen, die außerdem häufig in problematischen Sozialräumen leben bzw. sich aufhalten (z.B. Bahnhofsmilieu bei Drogennutzern).

Besonders deutlich wurde dies im Zusammenhang mit der AIDS-Problematik: Beim Aufkommen von AIDS wurden Streetwork-Projekte für Prostituierte installiert, um die Verbreitung von AIDS durch Prostitution zu verhindern. Den Prostituierten wurden Beratungsangebote unterbreitet, aber vor allem auch Spritzentausch, Kondome und Informationen zu Safer Sex.

Ähnlich verhielt es sich mit der Problematik gewaltbereiter Jugendlicher, die über die bekannten Formen offener Jugendarbeit nicht zu erreichen waren, häufig auch von den Jugendhäusern ausgeschlossen wurden und bei der Streetwork nun als das „letzte" Mittel angesehen wurde.

Im Bereich der Arbeit mit wohnungslosen Jugendlichen und Kindern hat aufsuchende Arbeit in den letzten Jahren – aufgrund der sich häufenden Problematik – ebenfalls stark zugenommen und ist zumindest in allen Großstädten zu finden.

Steffan differenziert die konzeptionellen Ausrichtungen von Streetwork in zwei Richtungen:

- *sozialräumlich orientierte Projekte* mit ausgeprägtem Gemeinwesenbezug (z.B. mobile Jugendarbeit)
- Projekte mit *Milieubezug* (z.B. Drogen-, Prostitutions- und Fußballszene)

(vgl. Steffan in: Fachlexikon 2007, 948)

Klassische Zielgruppen von Streetwork

- Sozial auffällige Jugendgruppen
- Fanmilieu
- Wohnungslose
- Prostitutionsmilieu
- Drogenmilieu
- Straßenjugendliche

6.3 Zur Konzeption aufsuchender Arbeit

Die konzeptionellen Entwürfe für aufsuchende Arbeit variieren sehr stark je nach Zielgruppe und deren Problematik. Dennoch lassen sich einige gemeinsame konzeptionelle Eckpfeiler und *Prinzipien* erkennen (zum Folgenden vgl. Gref 1995, 13 ff.). Diese entsprechen in vielen Punkten den Prinzipien der Einzelhilfe, wie sie vorne dargelegt wurden.

1. Zielgruppenorientierung

Als zentrale *Grundhaltung* werden die Zielgruppenakzeptanz und die *Parteilichkeit* für die Klientinnen und Klienten benannt; dies kann nur gelingen, wenn die soziale Fachkraft Kenntnis über die Lebenswelt der Betroffenen gewinnt und ihren Alltag mit seinen Problemen kennen lernt. Um Kontakt zu der Zielgruppe aufbauen zu können, ist die Berücksichtigung gewachsener Szene- und Gruppenstrukturen unabdingbar. Hier muss sich die soziale Fachkraft anpassen und nicht umgekehrt, ansonsten besteht die Gefahr, keinen Zugang zur Lebenswelt des Klientel zu gewinnen.

2. Versorgungsorientierung

Als *oberste Zielsetzung* wird in den Konzeptionen die Hilfestellung bei der konkreten und unmittelbaren *Lebensbewältigung* genannt.

3. Klientenorientierung

Eine klassische methodische Grundhaltung, „den Klienten dort abholen, wo er steht“, findet in der aufsuchenden Arbeit besondere Bedeutung; die Sozialarbeiterin/der Sozialarbeiter muss die Schritte im Tempo des Klienten gehen, nicht umgekehrt, er bestimmt über das Was und Wie des Hilfeprozesses.

4. Stärkenorientierung
Ein reiner Defizitblick auf das Klientel muss aufgegeben werden zugunsten einer ganzheitlichen Wahrnehmung mit dem Ziel, an den Stärken anzusetzen.

5. Vernetzungsorientierung
Auch bezüglich der Zusammenarbeit mit anderen sozialen Fachkräften in Beratungsstellen und Sozialverwaltungen soll ein ganzheitlicher Arbeitsansatz angestrebt werden mit dem Ziel der Kooperation und Vernetzung mit anderen Hilfsangeboten im Stadtteil.
Steffan nennt folgende Handlungsebenen für Streetwork:

- „Knüpfen eines Kontaktnetzes in der Lebenswelt und Vertrauenserwerb;
- Pflege des Kontaktnetzes mit der Zielgruppe und Vertrauenserhalt;
- einzelfallorientierte psychosoziale Unterstützung;
- Gruppen-/Cliquenarbeit;
- Stadtteil-/Gemeinwesenarbeit;
- institutionelle Innovation in Hintergrundeinrichtungen und durch den Aufbau von Unterstützungsangeboten;
- Konfliktverhinderung/-vermittlung/Deeskalation;
- institutionelle Vernetzung und Verbundarbeit;
- Öffentlichkeitsarbeit;
- Interessenvertretung;
- Einmischung, Lobbyarbeit;
- Aktivierung" (Steffan in: Fachlexikon 2007, S. 948).

Reflexionsfragen

- Worin liegen die Vorteile einer aufsuchenden Arbeit gegenüber klassischen Methoden?
- Was sind die besonderen Herausforderungen für die sozialpädagogischen Fachkräfte?

Weiterführende Literatur

Becker, Gerd/Simon, Titus (Hrsg.) (1995): Handbuch aufsuchende Jugend- und Sozialarbeit

Degen, Martin (1995): Straßenkinder, Szenenbetrachtungen

Steffan, Werner (1989): Straßensozialarbeit. Eine Methode für heiße Praxisfelder

Streetcorner, Zeitschrift, Hrsg.: Nürnberger Institut für soziale und kulturelle Arbeit (ISKA) (Jge. 1988-2001)

7. Konzepte zur Weiterentwicklung sozialwirtschaftlicher Organisationen und zur professionsbezogenen Selbstreflexion

Zusammenfassung: Organisationsbezogene Methoden dienen der Weiterentwicklung sozialwirtschaftlicher Organisationen und einer Erhöhung der Effektivität und Effizienz der Dienstleistungen und werden auch im Kontext der „Ökonomisierung Sozialer Arbeit" diskutiert.

Methodische Ansätze, wie zum Beispiel Supervision, Coaching und kollegiale Beratung dienen der *Selbstreflexion* sozialer Fachkräfte.

Auf beide Aspekte wird nur knapp eingegangen, da sich dieses Buch vor allem mit Methoden der Arbeit mit Klienten(gruppen) und deren Lebensräumen befasst und die den sozialen Fachkräften und den Institutionen zur Verfügung stehenden Methoden einer eigenständigen Publikation bedürfen.

7.1 Methoden zur Weiterentwicklung sozialwirtschaftlicher Organisationen

Die Methodenentwicklung wurde in den letzten Jahren stark von der „Ökonomisierung der Sozialen Arbeit", ausgelöst durch die Modernisierungsschübe des Sozialstaats, beeinflusst.

> „Im Kontext der Krise der öffentlichen Haushalte werden alle Angebote und Maßnahmen der Sozialen Arbeit auf ihren Sinn und ihre Effektivität überprüft. Privatisierung von Leistungen und Angeboten, die Etablierung von Quasimärkten durch neue Finanzierungsmodelle, Ausschreibungspraxen und gesetzliche Forderung von Qualitätsmanagement und Qualitätssicherung, all dies sind die Eckpfeiler und Rahmenbedingungen eines neuen, marktorientierten Modells sozialer Dienstleistungsproduktion mit vielfältigen Konsequenzen – nicht nur, aber auch für Handlungsformen und Methoden der Sozialen Arbeit" (Galuske/Thole 2006, 12).

Zu diesen auf die Organisationen bezogenen Ansätzen gehören zum Beispiel Qualitätsmanagement, Sozialmanagement und Organisationsentwicklung sowie Projektmanagement und Sozialplanung. Es geht dabei immer um die Verbesserung der Effektivität und Wirksamkeit sozialer Organisationen und die Überprüfung der Wirksamkeit durch entsprechende Qualitätsmanagementsysteme; damit findet ein kritisch begleiteter Prozess der Anpassung Sozialer Arbeit an die Entwicklungen in der Betriebswirtschaft statt.

Gefahren werden darin gesehen, Soziale Arbeit zu stark an ökonomischen Gesichtspunkten zu orientieren und die Eigenständigkeit Sozialer Arbeit aufzugeben.

Methoden zur Weiterentwicklung sozialwirtschaftlicher Organisationen:

- Qualitätsmanagementsysteme
- Organisations- und Personalentwicklung
- Sozialmanagement
- Projektmanagement
- Sozialplanung

Gemeinsames Ziel: Verbesserung der Effizienz und Effektivität sozialer Dienstleistungen, Erhöhung der Wirksamkeit und Nachhaltigkeit und Verbesserung der Zusammenarbeit in den Institutionen und zwischen Institutionen.

Weiterführende Literatur

Arnold, Ulli/Maelicke, Bernd (Hrsg.) (2008): Lehrbuch der Sozialwirtschaft
Maelicke, Bernd (Hrsg.) (2007): Lexikon der Sozialwirtschaft

7.2 Selbstreflexive Methoden

„Ob im Inneren oder in der Außenwelt: Man muss nicht verändern, was man sieht, sondern nur: Wie man es sieht.“
(Thaddeus Golas)

Methoden zur Selbstreflexion der Arbeitsprozesse in den sozialen Tätigkeitsfeldern haben eine lange Tradition, insbesondere was den Bereich der Supervision betrifft. Auch die Methode der kollegialen Beratung wird von vielen Teams seit langem angewendet.

In den letzten Jahren sind Konzepte der Selbstevaluation und des Coachings hinzugekommen.

Selbstreflexive Konzepte

Supervision, Coaching, kollegiale Beratung und Selbstevaluation dienen der (Meta-)Reflexion beruflicher Handlungsabläufe und der Wahrnehmung der beruflichen Rolle mit dem Ziel, eigene Verstrickungen in der Arbeit mit den Klienten zu erkennen und aufzulösen, eventuelle „Kunstfehler“ zu vermeiden und gemäß professioneller Standards die eigene Arbeit – alleine oder im Team – zu reflektieren.

Unter *Supervision* versteht man die professionell von einem Supervisor/einer Supervisorin angeleitete auf berufliche Fragen bezogene Beratung. In der Sozialen Arbeit existierende *Formen*: Einzelsupervision, Teamsupervision und Gruppensupervision.

Klassische *Themen* der Supervision: Fallreflexion; Klärung der beruflichen Rolle; kritische berufliche Situationen; Konflikte im Team.

Unter *Coaching* versteht man die zeitlich begrenzte, professionelle und methodengeleitete Form individueller Beratung. Diese ziel-, lösungs- und ressourcenorientierte Prozessbegleitung wendet sich an Einzelne oder Teams. Sie unterstützt bei der Bewältigung schwieriger

Arbeitsaufgaben und Problemstellungen, der Reflexion aktueller Führungsfragen und bei der Weiterentwicklung beruflicher Wege.

Bei einem *Team-Coaching* kommt die Verbesserung der Kommunikation, Kooperation und Motivation im Team hinzu. Zielgruppe können sowohl Arbeitseinheiten in einer Organisation sein als auch Mitarbeiter/Mitarbeiterinnen und Führungskräfte verschiedener Abteilungen und Hierarchiestufen. Ziel ist es, die Zusammenarbeit in Bezug auf Prozess-, Struktur- und Ergebnisqualität zu verbessern.

Kollegiale Beratung (auch Intervision genannt) ist eine besondere Methode der Beratung unter Kolleginnen und Kollegen, die zeitökonomisch, bedarfs- und adressatenorientiert aktuelle Situationen, Konflikte und Themen bearbeitet. Diese Form der Beratung stärkt die professionelle Handlungskompetenz der beteiligten Mitarbeiterinnen und Mitarbeiter, die ihre Ressourcen den Kollegen und Kolleginnen zur Verfügung stellen und damit für einen kontextbezogenen Wissens- und Erfahrungstransfer sorgen, der der Gesamtorganisation zugute kommt. Die Selbststeuerung der Beratungsgruppe, die ohne externe Unterstützung arbeitet, ist effizient und kostengünstig. Der Verlauf geschieht nach einem strukturierten Schema unter Anleitung eines Moderators aus der Gruppe. Intervision ist jedoch keine Alternative zu Supervision und Coaching, sondern eine *Ergänzung*.

Ablauf einer kollegialen Beratung

Eine Gruppe von Personen aus vergleichbaren Handlungs- und Berufsfeldern findet sich zusammen und bearbeitet nach einem festen Ablaufschema aktuelle berufliche Anliegen und Konflikte einzelner Mitglieder aus der Gruppe oder dem Team. Dieser Prozess wird von einer Moderatorin bzw. einem Moderator gesteuert, wobei diese Rolle grundsätzlich im Wechsel von unterschiedlichen Personen aus der Gruppe wahrgenommen wird.

Die Mitglieder der kollegialen Beratungsgruppe entwickeln dabei Eigenverantwortlichkeit bei der Bewältigung beruflicher Aufgaben und erweitern ihre kommunikativen, sozialen und Beratungskompetenzen ebenso wie ihre Problemlösungs- und Handlungskompetenz. Die Gruppe arbeitet nach festgelegten Regeln und Techniken.

Beispiel für den Ablauf einer kollegialen Fallberatung in sechs Arbeitsphasen

1. Vorstellen des Falles (Fall-Report: alle wichtigen Informationen zum Fall) und Nachfragen und Diskussion in der Fallberatungsgruppe
2. Rollenanalyse (Focus auf Klientensystem und Interaktionssystem des Klienten, nicht auf Falleinbringer)
3. Systemanalyse (Einflussdiagramm, grafisches Soziogramm: Beziehungen des Klienten zu anderen Personen und Institutionen)
4. Potenzialanalyse (Stärken und Schwächen des Klienten, Gefährdungen und Ressourcen im Umfeld)
5. Formulierung eines Votums (Ziele und Maßnahmen, Prioritätensetzung)
6. Reflexion des Beratungsprozesses

Weiterführende Literatur

Buchholz, Thomas (2008): Fallberatung im kollegialen Kreis, in: Sozialmagazin H. 2, S. 16 ff.

Kühl, Wolfgang (2007): Intervision: billig, aber auch gut?, in: Sozialmagazin, H. 1, S. 38 ff.

8

8. Zum Schluss

Diese Publikation hat die Intention, einen ersten Einblick in die Methoden Sozialer Arbeit zu geben.

Die Methodengeschichte zeigt, dass sich die Methoden heute weniger voneinander abgrenzen oder gegeneinander ausspielen, sondern die gemeinsame Basis bei den meisten Methoden vergleichbar ist: Es geht um die Entwicklung des Einzelnen im Sinne der ganzheitlichen Förderung seiner Stärken, Potenziale, Ressourcen in der jeweils konkreten Lebenswelt der Adressaten auf der Basis der Interessen der Betroffenen und dem Ziel der Aktivierung statt fürsorglichem Tätigwerden für die Betroffenen. Dies gilt in gleicher Weise für Gruppen, das Lebensumfeld und den Stadtteil. Dies ist kein neuer Gedanke Sozialer Arbeit, aber er ist wieder stärker ins Bewusstsein gerückt, und es liegen uns heute mehr praktische Methoden vor, die erprobt sind und diese Ansprüche einlösen.

Von den sozialen Fachkräften wird in diesem Sinne die methodische Kompetenz zur Beziehungsarbeit genauso verlangt wie die Kompetenz zur Sozialraumentwicklung und in beiden Fällen die Kompetenz zur Ressourcenaktivierung; Arbeit im Feld, mit dem „Fall" nicht als Alternative, sondern als sich notwendig ergänzende Entwicklungsbereiche.

Professionelles Handeln bedeutet in diesem Sinne, mit Einzelnen, Gruppen und im Gemeinwesen methodisch so zu arbeiten, dass ich mein Handeln an diesen Prinzipien ausrichte und diese Maximen der Reflexion meines Handelns zugrunde liegen.

Das Wissen um die Methoden ersetzt nicht das Erlernen, Üben, Erproben und Reflektieren darüber.

Methodenkompetenz kann aber auch nicht ohne eine entsprechende Grundhaltung praktiziert werden: Wertschätzung und Respekt gegenüber den Lebensentwürfen der Klienten bilden die Basis. Methodenlehre liefert keine Tricks und Tipps, sondern ist Ausdruck eben dieses Grundverständnisses.

> *Me-ti sagt: Jeder Lehrer muss lernen, mit dem Lehren aufzuhören, wenn es Zeit ist. Das ist eine schwere Kunst. Die Wenigsten sind imstande, sich zu gegebener Zeit von der Wirklichkeit vertreten zu lassen. Die Wenigsten wissen, wann sie mit dem Lehren fertig sind. Es ist freilich schwer, zuzusehen, wie der Schüler, nachdem man versucht hat, ihm die Fehler zu ersparen, die man selbst begangen hat, nunmehr solche Fehler macht. So schlimm es ist, keinen Rat zu bekommen, so schlimm kann es sein, keinen geben zu dürfen (Bertolt Brecht 1967, 475).*

9

9. Anhang

9.1 Anmerkungen

1 Die folgenden Überlegungen basieren u.a. auf einem in der Weiterbildung der Fachhochschule Wiesbaden verwendeten unveröffentlichten Arbeitspapier von Wolfgang Munderloh zum Thema Empowerment.

2 So ein Buchtitel von D. Fischer u.a. (Hrsg) (1991): Erlebnispädagogik in der offenen Jugendarbeit

9.2 Literaturverzeichnis

Addams, Jane (1913): Zwanzig Jahre sozialer Frauenarbeit in Chicago, München

Alinsky, Saul D. (1974): Die Stunde der Radikalen, Strategien und Methoden der Gemeinwesenarbeit, Gelnhausen/Berlin

Alisch, Monika/May, Michael (2008): Fallstudien in ländlichen und urbanen sozialen Räumen, Opladen

Alisch, Monika/May, Michael (2008): Kompetenz im Sozialraum: Sozialraumentwicklung und -organisation als transdisziplinäres Projekt, Opladen

Arnold, Ulli/Maelicke, Bernd (Hrsg.) (2008): Lehrbuch der Sozialwirtschaft, 3. überarbeitete Auflage, Baden-Baden

BAG: Familie im Mittelpunkt (FiM): http//bag-fim.de/cms

Becker, Gerd/Simon, Titus (Hrsg.) (1995): Handbuch aufsuchende Jugend- und Sozialarbeit, Weinheim/München

Belardi, Nando u.a. (2007): Beratung, eine sozialpädagogische Einführung, 5. überarbeitete Auflage, Weinheim u.a.

Bernstein, Saul/Lowy, Louis (Hrsg.) (1969): Untersuchungen zur Sozialen Gruppenarbeit, Freiburg

Buchholz, Thomas (2008): Fallberatung im kollegialen Kreis, in: Sozialmagazin H. 2, S. 16 ff.

Brecht, Bertholt (1967): Buch der Wendungen, Gesammelte Werke, Band 12, Frankfurt/M.

Brennpunkte Sozialer Arbeit (1990): Soziale Gruppenarbeit, Neuwied

Cohn, Ruth (1970): Das Thema als Mittelpunkt interaktioneller Gruppen, in: Gruppenpsychotherapie und Gruppendynamik, H. 3, S. 251 ff.

Cohn, Ruth (2004): Von der Psychoanalyse zur themenzentrierten Interaktion, 15. Auflage, Stuttgart

Degen, Martin (1995): Straßenkinder. Szenenbetrachtungen, Erklärungsversuche und sozialarbeiterische Ansätze, Bielefeld

Deutscher Berufsverband für Sozialarbeit, Sozialpädagogik und Heilpädagogik e.V. (Hrsg.) (1997): Berufsethische Prinzipien des DBSH, Ethische Grundlagen der Sozialen Arbeit, als pdf im Internet verfügbar

Deutscher Verein für öffentliche und private Fürsorge (2007): Fachlexikon der sozialen Arbeit, 6. überarbeitete Auflage, Frankfurt/M.

Deutsches Institut für Urbanistik (DIFU) (1999): Arbeitspapiere zum Bund-Länder-Programm „die soziale Stadt", Programmgrundlagen, Band 3, Berlin

Dewe, Bernd u.a. (2001): Professionelles soziales Handeln, 2. Auflage, Weinheim u.a.

Eybisch, Cornelia (1995): Mediation: Wenn zwei sich streiten ..., in: Psychologie heute, H. 3, 48 ff.

Farau, Alfred/Cohn, Ruth C. (1984): Gelebte Geschichte der Psychotherapie, Stuttgart

Galuske, Michael (2007): Methoden der Sozialen Arbeit, 7. ergänzte Auflage, Weinheim/München

Galuske, Michael/Thole, Werner (Hrsg.) (2006): Vom Fall zum Management, neue Methoden der Sozialen Arbeit, Wiesbaden

Garland, James A./Jones, Hubert E./Kolodny, Ralph L. (1976) in: Bernstein, Saul/Lowy, Loius (Hrsg.): Untersuchungen zur Sozialen Gruppenarbeit, 5. Auflage, Freiburg

Gehrmann, Gerd/Müller, Klaus D. (2008): Familien im Mittelpunkt, Handbuch effektives Krisenmanagement für Familien, 3. Auflage, Regensburg

Gehrmann, Gerd/Müller, Klaus D. (1997): Familien im Mittelpunkt, in: Sozialmagazin, H. 9, S. 46 ff.

Gehrmann, Gerd/Müller, Klaus D. (1999): Inhomeservice, eine neue Herausforderung für die Soziale Arbeit, in: Sozialmagazin, H. 11, S. 14 ff.

Gehrmann, Gerd/Müller, Klaus D./Säuberlich, Uwe (2008): Familie im Stadtteil, Methodenhandbuch, Regensburg

Geißler, Karlheinz (2005): Anfangssituationen – was man tun und besser lassen sollte, 10. neu ausgestaltete Auflage, Weinheim u.a.

Geißler, Karlheinz/Hege, Marianne (2007): Konzepte sozialpädagogischen Handelns, 11. Auflage, Weinheim u.a.

Gildemeister, Regine (1995): Kunstlehren des Fallverstehens als Grundlage der Professionalisierung Sozialer Arbeit?, in: Langhanky, Michael (Hrsg.): Verständigungsprozesse der Sozialen Arbeit, Hamburg, S. 26 ff.

Grunwald, Klaus /Thiersch, Hans (Hrsg.) (2008): Praxis Lebensweltorientierter Sozialer Arbeit, 2. Auflage, Weinheim u.a.

Hansen, Eckhard (2006): Das Case/Care Management, in: Galuske, Michael/ Thole, Werner (Hrsg.): Vom Fall zum Management, S. 17 ff., Wiesbaden.

Harnach, Viola (2007): Psychosoziale Diagnostik in der Jugendhilfe, 5. überarbeitete Auflage, Weinheim u.a.

Harnach-Beck, Viola (1996): Auf Gedeih und Verderb, in: Sozialmagazin, H. 7-8, S. 22 ff.

Heckmair, Bernd/Michl, Werner (2008): Erleben und Lernen, Einführung in die Erlebnispädagogik, 6. Auflage, München

Helming, Elisabeth u.a. (2004): Handbuch Sozialpädagogische Familienhilfe, 5. Auflage, Baden-Baden

Herriger, Norbert (1995): Empowerment, in: Sozialmagazin, H. 3, S. 34 ff.

Herriger, Norbert (1997): Das Empowerment-Ethos, in: Sozialmagazin H. 11, S. 29 ff.

Herriger, Norbert (2006): Empowerment in der Sozialen Arbeit, 3. erweitere und aktualisierte Auflage, Stuttgart

Hinte, Wolfgang (1985): Von der Gemeinwesenarbeit zur stadtteilbezogenen Sozialen Arbeit, in: Brennpunkte Sozialer Arbeit, Frankfurt/M.

Hinte, Wolfgang/Karas, Fritz (1989): Studienbuch Gruppen- und Gemeinwesenarbeit, Frankfurt/M.

Hinte, Wolfgang/Lüttringhaus, Maria/Oelschlägel, Dieter (2007): Grundlagen und Standards der Gemeinwesenarbeit, 2. aktualisierte Auflage, Weinheim u.a.

Hoffmann, Erika (1963): Über die sozialpädagogischen Methoden, in: Besser, Luise u.a. (Hrsg.): Die Herausforderung des Pädagogen durch die heutige Zeit, Schriften des Pestalozzi-Fröbel-Verbandes, Heidelberg, S. 80 ff.

Hollis, Florence (1977): Die psychosoziale Arbeitsweise als Grundlage Sozialer Einzelhilfe-Praxis, in: Roberts, Robert W./Nee, Robert H. (Hrsg.): Konzepte der Sozialen Einzelhilfe, 2. Auflage, Freiburg

Jordan, Erwin (Hrsg.) (2007): Kindeswohlgefährdung, 2. Auflage, Weinheim u.a.

Kähler, Dietrich (2001): Erstgespräche in der sozialen Einzelhilfe, 4. erweiterte und überarbeitete Auflage, Freiburg

Kamphuis, Marie (1973): Die persönliche Hilfe in der Sozialarbeit unserer Zeit, Stuttgart

Keupp, Heiner (2008): Empowerment, in: Kreft, Dieter/Mielenz, Ingrid (Hrsg.): Wörterbuch Soziale Arbeit, 6. überarbeitete und aktualisierte Auflage, Weinheim u.a.

Kiebel, Hannes (1995): Zwanzig Jahre Streetwork, in: Becker, Gerd/Simon, Titus: Handbuch aufsuchende Jugend- und Sozialarbeit, Weinheim, S. 21-32

Klawe, Willy/Bräuer, Wolfgang (2001): Erlebnispädagogik zwischen Alltag und Alaska, 2. Auflage, Weinheim u.a.

Klöck, Tilo (Hrsg.) (1998): Solidarische Ökonomie und Empowerment. Gemeinwesenarbeit Jahrbuch 6, Neu-Ulm

Knippenkötter, Anneliese (1972): Arbeiten mit Gruppen, social group work, Düsseldorf

Konopka, Gisela (2000): Soziale Gruppenarbeit – ein helfender Prozess, 6. überarbeitete Auflage (reprint), Weinheim u.a.

Kühl, Wolfgang (2007): Intervision: billig, aber auch gut? In: Sozialmagazin, H. 1, S. 38 ff.

Langmaack, Barbara/Braune-Krickau, Michael (2000): Wie die Gruppe laufen lernt, 7. überarbeitete Auflage, Weinheim u.a.

Lenz, Albert/Stark, Wolfgang (2002): Empowerment, neue Perspektiven für psychosoziale Praxis und Organisation, Tübingen

Lob-Hüdepohl, Andreas (2007): Ethik Sozialer Arbeit, ein Handbuch, Stuttgart

Löcherbach, Peter u.a. (Hrsg.) (2005): Case Management Fall- und Systemsteuerung in der Sozialen Arbeit, 3. aktualisierte Auflage, München

Löhmer, Cornelia/Standhardt, Rüdiger (2006): TZI – Die Kunst, sich selbst und eine Gruppe zu leiten. Einführung in die Themenzentrierte Interaktion, Stuttgart

Maelicke, Bernd (Hrsg.) (2008): Lexikon der Sozialwirtschaft, Baden-Baden

Meinhold, Marianne (1988): Sozioökologische Konzepte – eine „alternative" Grundlage für die Familienarbeit, in: Hörmann, Georg u.a. (Hrsg.): Familie und Familientherapie, Opladen, S. 252 ff.

Merchel, Joachim (2007): Mängel des Kinderschutzes in der Jugendhilfe, in: Sozialmagazin 2, S. 11 ff.

Montada, Leo/Kals, Elisabeth (2007): Mediation, 2. überarbeitete Auflage, Weinheim u.a.

Mrochen, Siegfried (1994): Sozialarbeiterisches/-pädagogisches Handeln in der Beratung, Kompetenzermittlung zwischen Einzelhilfe und Psychotherapie, in: Groddeck, Norbert/Schumann, Michael (Hrsg.): Modernisierung Sozialer Arbeit durch Methodenentwicklung und -reflexion, Freiburg

Müller, Burkhard (2008): Sozialpädagogisches Können, ein Lehrbuch zur multiperspektivischen Fallarbeit, 5. Auflage, Freiburg

Müller, Burkard (2008b): Alltagsnahe Diagnose und der „Allgemeine Soziale Dienst" (ASD), in: Grunwald, Klaus/Thiersch, Hans (Hrsg.): Praxis Lebensweltorientiert Sozialer Arbeit, Weinheim u.a.

Müller, C. Wolfgang (2006): Wie Helfen zum Beruf wurde, 4. überarbeitete und aktualisierte Ausgabe, Weinheim u.a.

Nebel, Georg/Woltmann-Zingsheim, Bernd (1997): Werkbuch für das Arbeiten mit Gruppen, Aachen

Neue Praxis (1978): Sozialarbeit und Therapie, Sonderheft, Neuwied

Neuffer, Manfred (1990): die Kunst des Helfens, Geschichte der Sozialen Einzelhilfe in Deutschland, Weinheim u.a.

Neuffer, Manfred (2007): Case Management, Soziale Arbeit mit Einzelnen und Familien, 3. überarbeitete Auflage, Weinheim u.a.

Neuffer, Manfred/Ollmann, Rainer (2000): Der Hausbesuch, in: Sozialmagazin, H. 9, S. 12 ff.

Nörber, Martin (Hrsg.) (2003): Peer Education, Weinheim u.a.

Otto, Hans-Uwe/Thiersch, Hans (Hrsg.) (2005): Handbuch der Sozialarbeit/Sozialpädagogik, 3. Auflage, München

Pallasch, Waldemar (2004): Pädagogisches Gesprächstraining, 6. Auflage, Weinheim u.a.

Petko, Dominik (2004). Gesprächsformen und Gesprächsstrategien im Alltag der Sozialpädagogischen Familienhilfe, Göttingen

Psychologie heute (1999), Titelthema „Resilienz", H. 5, S. 21 ff.

Rabenstein, Reinhold/Reichel, René/Thanhoffer, Michael (2004): Das Methoden-Set, 5 Bücher für Referenten und Seminarleiterinnen, 12. Auflage, Münster

Reischach, von Gerald/Straub, Ute (2007): Vielfalt der Familien, in: Sozialmagazin, H. 7-8, S. 12 ff.

Rogers, Carl R. (1995): Die nicht-direktive Beratung, München

Rogers, Carl R. (2004): Therapeut und Klient, 18. Auflage, Frankfurt/M.

Sader, Manfred (2008): Psychologie der Gruppe, 9. Auflage, Weinheim u.a.

Schilling, Johannes (2008): Didaktik/Methodik der Sozialen Arbeit, 5. durchgesehene Auflage, München

Schmidt-Grunert, Marianne (2002): Soziale Arbeit mit Gruppen, 2. veränderte Auflage, Freiburg

Schönig, Werner/Pollock, Daniela (2008) in: Sozialmagazin, H. 5, S. 30 ff.

Schrapper, Christian (1993): Grundsätze und Arbeitsformen der Hilfeplanung nach § 36 und § 37 KJHG, in: AFET, H. 1, Hannover

Schrapper, Christian (1996): „... mit einem Bein im Gefängnis?", in: Sozialmagazin, H. 7-8, S. 19 ff.

Schulz von Thun, Friedemann (2008): Miteinander reden, Störungen und Klärungen, 45. Auflage, Reinbek

Seithe, Mechthild (2001): Praxisfeld: Hilfe zur Erziehung, Fachlichkeit zwischen Lebensweltorientierung und Kindeswohl, Opladen

Seithe, Mechthild (2008): Engaging: Möglichkeit klientenzentrierter Beratung in der Sozialen Arbeit, Wiesbaden

Shaffer, John/Galinsky, David (1977): Handbuch der Gruppenmodelle, 2 Bände, Gelnhausen

Sickendiek, Ursel/Engel, Frank/Nestmann, Frank (2008): Beratung – eine Einführung in sozialpädagogische und psychosoziale Beratungsansätze, Weinheim u.a.

Spiegel, Hiltrud von (2008): Methodisches Handeln in der Sozialen Arbeit, durchgesehene Auflage, München, Basel

Staub-Bernasconi, Silvia (1986): Soziale Arbeit als eine besondere Art des Umgangs mit Menschen, Dingen, Ideen – zur Entwicklung einer handlungstheoretischen Wissensbasis sozialer Arbeit, in: Sozialarbeit, 18. Jahrgang, S. 71 ff.

Staub-Bernasconi, Silvia (1986): Vom beruflichen Doppel- zum professionellen Tripelmandat, Wissenschaft und Menschenrechte als Begrüdnungsbasis der Profession Sozialer Arbeit, http://www.zpsa.de/pdf/StB-Soz-Arb-Tripelmandat.pdf

Steffan, Werner (1989): Straßensozialarbeit. Eine Methode für heiße Praxisfelder, Weinheim u.a.

Stimmer, Franz (2006): Grundlagen des methodischen Handelns in der sozialen Arbeit, 2. überarbeitete und erweiterte Auflage, Stuttgart

Teske, Irmgard/Gögercin, Süleyman (2000): Quartiersarbeit als neue Herausforderung für Soziale Arbeit, in: Sozialmagazin, H. 4, S. 32 ff.

Thiersch, Hans (2005): Lebensweltorientierte Soziale Arbeit. Aufgaben der Praxis im sozialen Wandel, 6. Auflage, Weinheim u.a.

Thies, Reinhard (2000): Kooperatives Stadtteilmanagement und Gemeinwesenarbeit – Neue Ansätze in der Stadtentwicklung und der Gemeinwesenarbeit, in: Zeitschrift für Sozialreformen, H. 7, S. 620 ff.

Thies, Reinhard (1999): Soziale Stadterneuerung in gefährdeten Wohngebieten. Präventionsstrategien durch Quartiersarbeit und kooperatives Stadtteilmanagement, in: Dietz, Berthold (Hrsg.): Handbuch der kommunalen Sozialpolitik, Opladen

Thole, Werner (Hrsg.) (2005): Grundriss Soziale Arbeit, ein einführendes Handbuch, 2. überarbeitete und aktualisierte Auflage, Opladen

Tuckman, Bruce W. (1965) Developmental sequences in small groups, in: Psychological Bulletin, 63, S. 348-399

Watzlawick, Paul/Beavin, Janet/Jackson, Don D. (2007): Menschliche Kommunikation: Formen, Störungen, Paradoxien, 11. Auflage, Bern

Weinberger, Sabine (2006): Klientenzentrierte Gesprächsführung, eine Lern- und Praxisanleitung für psychosoziale Berufe, 11. Auflage, Weinheim u.a.

Wendt, Wolf Rainer (1995): Unterstützung fallweise, Casemanagement in der Sozialarbeit, Freiburg

Wendt, Wolf Rainer/Löcherbach, Peter (Hrsg.) (2006): Case Management in der Entwicklung, Stand und Perspektiven in der Praxis, Augsburg

Wienand, Manfred (1999): Sozialsystem und Soziale Arbeit in der Bundesrepublik Deutschland, hrsg. v. Deutscher Verein, Frankfurt/M.

Ziegenhain, Ute/Fegert, Jörg M. (2008): Kindeswohlgefährdung und Vernachlässigung, 2. durchgesehene Auflage, München

Zwilling, Michael (2006): Handlungsmethoden sozialer Arbeit. Zur Entwicklung eines integrativen Modells, Hamburg